dtv

W0187424

Woran liegt es eigentlich, daß kleine Mädchen erst in den »Hochhackigen« ihrer Mütter Dielenparketts und später dann, auf noch höheren Sohlen, ihre eigenen Füße und ihren Geldbeutel ruinieren? Was Mißfallen bei Orthopäden, besorgten Müttern und eventuell finanziell betroffenen Ehepartnern auslöst, freut natürlich die Besitzer von Schuhgeschäften, aber vor allem die Schuh-Fanatikerinnen selber. Frauen mit Schuhtick kriegen nie genug, kein Stöckel ist ihnen zu hoch, keine Sandalette zu sexy und nicht einmal die höllischsten Blasen oder Druckstellen bringen sie von ihrer Leidenschaft ab. – Zur Not geht man eben barfuß und trägt die kostbaren Treterchen in der Hand. Wie ja überhaupt manche edlen Stücke nicht zum Anziehen sondern an erster Stelle zum Besitzen erworben werden. Wenn sich damit der Neid von Freundin oder Feindin wecken läßt, um so besser. Überhaupt bietet sich ja das Thema Schuhe für zahlreiche Variationen bissiger bis boshafter Charakterisierungen ihrer Trägerinnen und Träger an.

Christine Ellinghaus, geboren 1965, ist stellvertretende Chefredakteurin von ›Allegra‹ und hat derzeit 121 Paar Schuhe.
Sylvia Bieker, geboren 1966, arbeitet als freie Journalistin und besitzt immer nur ein einziges wirkliches Paar Schuhe.

Sylvia Bieker
Christine Ellinghaus

Schuhe

Kleine Philosophie der Passionen

Deutscher Taschenbuch Verlag

Originalausgabe
Dezember 1999
© Deutscher Taschenbuch Verlag GmbH & Co. KG, München
Umschlagkonzept: Balk & Brumshagen
Umschlagbild: © Alfons Holtgreve
Satz: Design-Typo-Print GmbH, Ismaning
Gesetzt aus der Bodoni Book 12/14pt
Druck und Bindung: C. H. Beck'sche Buchdruckerei, Nördlingen
Gedruckt auf säurefreiem, chlorfrei gebleichtem Papier
Printed in Germany · ISBN 3-423-20320-X

Inhalt

Für meine Mutter, die mir das Gehen beibrachte,
auch auf hohen Schuhen. Und für meinen Vater,
der glaubt, daß ich nicht nur gehen,
sondern auch schreiben kann.
C.E.

Für Eckermann.
Sylvia, p., t.

Ein beliebiger Morgen,
10 Uhr, im Büro

Bieker: Morgen, Tine.

Ellinghaus: Morg'n.

Bieker: Is' was?

Ellinghaus: Ich hatte heute nacht einen Alptraum und bin schweißgebadet aufgewacht. Ich habe geträumt, meine Kleiderkammer sei abgebrannt und mit ihr – alle meine Schuhe!

Bieker: Wie grauenhaft! Das wär' ja für dich ein echter Persönlichkeits-GAU.

Ellinghaus: Für dich nicht?

Bieker: Doch natürlich. Auch wenn's bei mir nicht so schön brennen würde wie bei dir ...

Ellinghaus: Ich würde erst mal drei Tage durchheulen.

Bieker: Und ich mein Konto abräumen und losgehen. Neue kaufen.

Ellinghaus: Das würde ich dann natürlich auch. Mit den Hausschuhen an den Füßen. Was würdest du denn als erstes kaufen?

Bieker: Vernünftige Turnschuhe natürlich.

Ellinghaus: Na, das war ja klar. Und wenn gerade Winter wär'?

Bieker: Schwarze Stiefeletten. Und du?

Ellinghaus: Ich weiß gar nicht, was ich als erstes kaufen würde. Also, ich bräuchte...

Bieker: Ich wette, du würdest zuerst die kaufen, die du

dir sowieso als nächstes kaufen wolltest.

Ellinghaus: Die Schlangenledersandaletten in Rot und Braun? Ja, klar. Dann hätte ich die wenigstens schon im Sack.

Bieker: Und du redest hier von Winter.

Ellinghaus: Der Winter ist auch nicht so wichtig wie Gelegenheiten. Bei Schuhen muß man schnell zuschlagen, sonst gibt's sie nicht mehr in der richtigen Größe. Und was, wenn dann abends ein Geschäftsessen ist?

Bieker: Dann kauf' ich mir eben schnell noch ein paar schwarze Loafers. Die gehen immer.

Ellinghaus: Hey, jetzt hast du ja schon drei Paar.

Bieker: Also, was kaufst du als nächstes?

Ellinghaus: Kroko-Stiefeletten. Falls Winter ist. Und schwarze Prada-Klepper mit Holzsohlen, wenn Sommer ist.

Bieker: Wenn Sommer ist, trag' ich entweder die Turnschuhe oder, falls ich im Urlaub bin, kauf' ich mir für zehn Mark transparente Gummisandalen, in denen ich auch ins Wasser gehen kann. Die hab' ich als Kind schon getragen.

Ellinghaus: Jetzt würde ich mein erstes Paar Turnschuhe kaufen. Wär' auch ganz praktisch, weil ich ja wie eine Irre durch die Stadt rennen müßte, um noch mehr Schuhe zu kaufen.

Bieker: Nee, mir reicht's damit fürs erste.

Ellinghaus: Was? Also, ich bräuchte auf jeden Fall noch schwarze, braune und dunkelblaue Loafers und Stiefel: wadenhoch und kniehoch, in Schwarz und in Braun. Und Ballerinas, je nachdem, was gerade modern ist. Und Pumps, für Termine. Am liebsten aus schwarzem

Leinen. Und jede Menge Mules: in Silber, in Grün, in Beige, für abends. Und Sandalen. Ich hab' so braune mit Blümchen dran und einem mittelhohen Absatz, dafür müßte ich unbedingt einen Ersatz finden. Und dann noch hohe Sandalen, mit Blockabsätzen. Auch mehrere Farben, damit sie zu meinen Klamotten passen. Das schwierigste wäre, meine Lieblingsschuhe zu ersetzen, alle meine Plateausandalen. Ich hab' welche mit Korksohlen, in Olivgrün, und goldene hab' ich, und die in Rosa mit Orange...

Bieker: Mann, brauchst du viele Schuhe.

Ellinghaus: Also, wenn du mit den vier Paar da auskommst, weiß ich nicht, wieso bei dir der Schuhschrank auch aus allen Nähten platzt und wir alle vierzehn Tage in der Mittagspause durch die Schuhgeschäfte ziehen.

Bieker: Weil es nicht so einfach ist, diese vier Paar zu finden. Oder drei Paar, wenn wir die Gummisandalen weglassen. Theoretisch bräuchte ich nur die vier Paar, weil die zu mir passen und auch zu allen Klamotten, die ich gern trage. Sie müssen eben genau meiner Vorstellung entsprechen. Sie müssen ganz klar und ohne Schnörkel sein. Die Turnschuhe ohne schreiende Farben, die Stiefeletten ohne Schnürsenkel, Reißverschluß, Absatz, die Loafers ohne Bommeln, Schnallen, Beschläge. So, wie ich auch gern wäre.

Ellinghaus: Ohne Bommeln und Beschläge. Aber mit großer Klappe.

Bieker: Ha ha! Sehr witzig.

Ellinghaus: Und weil die so schwer zu finden sind, kaufst du dann statt dessen welche, die dir gar nicht gefallen.

Bieker: Ja. Und weil mir Schuhe gefallen. Sie passen aber meistens gar nicht zu mir. Und weil ich eben gern Schuhe kaufe. Und mit irgendwas muß ich ja auch rumlaufen, bis ich das perfekte Paar finde. Da kaufe ich eben welche in Blau, obwohl ich lieber Schwarz hätte. Ich kaufe welche mit Absatz, obwohl ich mich darin nicht mag. Oder ich kaufe Größe 38 oder 40, weil in 39 nichts mehr da ist. Das ist überhaupt das Grundproblem. Daß ich diese Durchschnittsgröße hab'. Da ist immer alles sofort weg.

Ellinghaus: Sag' ich ja. Man muß sofort zuschlagen.

Bieker: Ich weiß schon, was ich will. Ich krieg' es nur nicht. Aber deshalb werd' ich doch nicht aufs Schuhekaufen verzichten!

Ellinghaus: Nee, das ist ja klar.

Bieker: Das perfekte Paar zu finden ist eben ein Glücksfall. Wie neulich, als du mich angerufen hast, weil du diese Stiefeletten für mich in Eppendorf gesehen hast. Ich wette, 'ne Stunde später wären die weg gewesen.

Ellinghaus: Die waren aber auch genau das Richtige für dich.

Bieker: So isses.

Ellinghaus: Stimmt, daß es schwierig ist, gute Schuhe zu finden. Übrigens auch in Größe 37.

Bieker: Was? Ich dachte, du kaufst alles, was dir unter die Sohlen kommt. Das, was die anderen übriglassen.

Ellinghaus: Quatsch. Das wär' ja selbst für mich ein bißchen viel. Ich mache als erstes eine ordentliche Recherche in Frauenzeitschriften, um zu gucken, was ich in dieser Saison unbedingt haben muß. Und dann,

jeweils im Januar und im September, wenn die neuen Modelle in den Läden sind, renne ich durch meine Lieblingsgeschäfte und schlage zu. Und in den restlichen Monaten guck' ich halt überall, wo ich bin, durch die Läden, ob's da noch was gibt. Und dann noch mal im Schlußverkauf.

Bieker: Also doch was die anderen übriglassen.

Ellinghaus: Na gut, wenn's herabgesetzt ist, nehm' ich für 'n Hunni oder zwei auch mal ein Paar mit, das mir nur neunzigprozentig gefällt. Außerdem kauf' ich ja eher die extremeren Modelle. Und selten schwarze Stiefeletten. Hab' ich ja eh schon.

Bieker: Also, du kaufst alles.

Ellinghaus: Stimmt gar nicht. Die Dinger müssen gut verarbeitet und qualitativ hochwertig sein. Das ist für mich am allerwichtigsten. Und sie müssen mir stehen. Auf Stilettoabsätzen zum Beispiel sehe ich ziemlich blöd aus. Und sie müssen irgendwie besonders sein. Weil ich ja schon so viele habe.

Bieker: Insofern wäre es gar nicht so schlecht, wenn deine Schuhkammer abbrennen würde. Dann könntest du wieder richtig auf die Jagd gehen.

Ellinghaus: Und du wärst auf einen Schlag alle deine Fehlkäufe los.

Bieker: Sag mal... sind deine Schuhe eigentlich gut versichert?

Christine Ellinghaus

Wie Fernando Pensato meiner Mutter zu Füßen lag

Die Psychologen haben recht: Die wichtigsten und prägendsten Erfahrungen macht der Mensch in seinen ersten drei Lebensjahren. Ob er später voller Urvertrauen optimistisch ins pralle Leben schaut oder mufflig-grantig die Kunst des negativen Denkens zur Zukunftssicherung praktiziert, ob er gesellig oder eher isolationistisch ist, sprachliche oder sportliche Talente entwickelt, ob er Priester, Talkshow-Moderator oder Baupolier wird – alles schon festgelegt von frühester Jugend an. Oder eben Schuhliebhaber. Wie ich. Das kam nämlich so:

Ich muß gerade in jenem gefährlichen Alter gewesen sein, also drei, und befand mich in Begleitung meiner Mutter in einem bekannten Szene-Lokal meiner kleinen westfälischen Heimatstadt, dem Café Harr, in dem Frauen jeden Alters nachmittags ein Täßchen Jacobs-Kaffee und den neusten Klatsch zu sich zu nehmen pflegten, während ihre Kinder unter fremden Tischen herumkrochen und Kuchenkrümel vom Boden aßen.

Dies war für heute bereits ausgiebig geschehen, daher wollte meine Mutter aufbrechen und sprach: »Willst du noch mal auf die Toilette, bevor wir gehen?« »Nein«, erwiderte sofort und endgültig das Kind, wie gesagt im Trotzalter befindlich. So nahm die Mutter es bei der Hand und zog es zur Bushaltestelle.

Wir stellen uns die beiden vor: Die Mutter in kurzem, aber elegantem Rock, vielleicht dunkelblau, und hochwertigen Sandalen, das lockenköpfige Kind mit Ringelpulli und niedlichen weißen Gummistiefelchen. Und in zwei Minuten kommt der Bus. Da sagt das Kind: »Mama, ich muß Pipi.« Mutter: »Das geht jetzt nicht, warte, bis wir zu Hause sind.« Kind: »Mama, ich muß Pipi.« Mutter: »Hab' ich dich nicht eben gefragt? Da mußtest du nicht, deshalb kannst du jetzt auch noch warten.« Kind: »Mama, ich muß Pipi.« Mutter: »Jetzt halt den Mund, der Bus kommt.« Doch während der Bus kommt, kommt auch noch etwas anderes: das Kinderpipi. Aus reiner Bockigkeit, und weil das Kind es so entschieden hat. Und läuft die Beinchen runter und hinein in die Gummistiefel, auf deren Grund es sich unangenehm feucht sammelt. »So«, denkt das Kind, »das hast du jetzt davon, Mama.« Die schreit: »Was hast du denn jetzt gemacht? Bist du verrückt geworden?« und Weiteres in der Art. Weil sie aber eine Frau von Durchsetzungskraft ist und überhaupt nicht erpreßbar, zerrt sie das widerstrebende Kind in den haltenden Bus mitten hinein. Dort muß es dann stehen in seinen Feuchtbiotop-Stiefeln, in denen die Flüssigkeit hin und her schwappt. Man kann sich leicht vorstellen, daß so was kein schönes Gefühl ist. Und beschämend zugleich, denn jeder Schritt macht platschende Geräusche, die die Mitreisenden im Linienverkehr erstaunt die Köpfe heben lassen, während das Kind den seinen senkt – wie peinlich!

Die Trägerin der Gummistiefel zog aus der unappetitlichen Geschichte zwei Erkenntnisse, die auch heute noch, dreißig Jahre später, für sie prägend sind.

Erstens: Unangemessene Fußbekleidung kann den besten Auftritt vermasseln. Zweitens: Schicke Sandaletten, wie die, die meine Mutter trug, sind tausendmal schöner als olle Gummistiefel, und solche will ich jetzt auch.

Damit fing alles an.

Seitdem war ich angefixt, wie man heutzutage in Anlehnung an das Drogenmilieu sagen würde. Hing nicht an der Nadel, aber an den Erzeugnissen der Schusterahle. Und jede Fahrt nach Köln, die meiner Heimatstadt nächstgelegene Großstadt, in deren Einkaufszone meine Familie sich ab und zu zwecks Kleiderkaufs begab, führte zwangsläufig zum »Kinderladen Onkel Bill«. Ein Paar weiße Clogs mit Lochmuster, die dort für mich erstanden und von mir sogleich angezogen wurden, besitze ich heute noch. Ich würde sie wohl auch ab und zu mal tragen, wenn sie nicht die Kindergröße 34 hätten. So bleibt mir nichts, als sie aufzubewahren und dereinst einer Tochter zu vererben. Die wird sich freuen!

Es kann natürlich auch sein, daß alles ganz anders war. Daß nicht das konkrete Gummistiefel-Erlebnis suchtauslösend war, sondern das permanent wirkende Vorbild meiner Mutter.

Meine Mutter hatte einen Schrank, in dem sie ihre Schuhe aufbewahrte. Und im Keller zwei große runde Weidenkörbe. Einen für die Kartoffeln (die mich nicht interessierten), den anderen für alte ausrangierte Latschen (der mich sehr interessierte). Damit durfte ich spielen, soviel ich wollte. Und manchmal auch mit den Schätzen im Kleiderschrank, die ich ja von den Füßen meiner Mutter her kannte. Da gab es: goldene Riemchen-

16

sandaletten mit silber- und kupferfarbenen Stickereien von Baldinini, Clogs aus mittelblauem Wildleder mit Holzabsätzen, dunkelblaue Stiefel mit weißen Keilabsätzen, deren Riemchen die Wade hochgewickelt wurden, himmelblaue Slingpumps mit olivgrünen Biesen und viele mehr. »Mama, dürfen wir verkleiden spielen?« war eine Vorbereitung auf ein weibliches Erwachsenenleben, bei der es hauptsächlich um die Frage ging, wie man die Oberbekleidung in Einklang mit den gewünschten Schuhen bringt. Es gibt ein Foto von mir und meiner mitspielenden Cousine Bini, beide etwa fünfjährig, auf dem sie die bereits erwähnten blauen Clogs trägt, dazu ein blaues Kostüm meiner Mutter, und ich Plateau-Klepper aus gelbem Jeansstoff zu Regenmantel und -hut in derselben sommerlichen Farbgebung. Unsere Gesichter zeigen, trotz verwilderter Haartracht und verschmierter Münder, einen hochmütigen und damenhaften Ausdruck, und das liegt einzig an den Schuhen, die uns nicht nur zentimetermäßig größer machten als wir waren.

Meine Lieblingsschuhe, sowohl an mir selbst als auch an der eigentlichen Besitzerin, waren violette Schnürschuhe auf 10-Zentimeter-Plateaus. Von Fernando Pensato. (Falls Sie sich die nicht vorstellen können – gerade in diesem Winter hat Jil Sander genau das gleiche Modell wiederaufgelegt. In Knatschgelb, Grellweiß, Türkis und Froschgrün. Ich war fast zu Tränen gerührt, als ich diese Reinkarnation im Schaufenster eines exklusiven Hamburger Schuhgeschäfts wiedersah.)

Fernando Pensato also hieß der Mann, der mich und meine Mutter mit vielen Paaren glücklich machte. Er war Italiener, soviel ist klar, aber mehr kann ich nicht

17

sagen. Ich habe ihn leider nie kennengelernt, ich weiß nicht, ob er überhaupt noch lebt. Falls aber doch und falls er diese Zeilen liest...

Wieso eigentlich nicht? Manchmal gibt es ja solche Zufälle. Könnte doch sein, daß Signor Pensato irgendwo in einem oberitalienischen Luxusaltersheim seinen Lebensabend damit verbringt, den Pflegerinnen auf die Beine zu glotzen, und von einer jungen deutschen Aushilfskrankenschwester einen Rüffel bekommt, weil so alte Säcke sollen gefälligst nicht auf Beine glotzen, und dann legt er seine Hand auf ihren Arm und sagt: »Nicht auf die Beine, ragazza, auf die Schuhe schaue ich. Ich war nämlich mal Schuhdesigner. Gestatten, Fernando Pensato.« Und dann würde die junge Frau ihn anstarren und sagen: »Pensato? Der Pensato?« Und dann würde sie in ihr karges Schwesternkämmerchen unterm Dach rennen und mit einem Buch zurückkehren, diesem Buch hier, das sie mit beiden Händen umklammert (»So ein Zufall! Der Herr Pensato!«), und dem alten Herrn einen Satz vorlesen, simultan ins Italienische übertragen, denn wir können nicht annehmen, daß der Designer auf seine alten Tage noch Deutsch gelernt hat.

Der Satz lautet: »Fernando, du bist ein Pantoffel-Gott.«

Oder ist das zu flapsig als Bezeichnung für einen älteren Signore?

Gut, dann: »Signor Pensato, Ihre Schuhe waren die schönsten.«

Das ist jetzt aber zu langweilig, keine Leidenschaft. Noch mal:

18

»Fernando Pensato, meine Mutter lag Ihnen zu Füßen. Weil Ihre Schuhe ihr zu Füßen lagen.«

Gut. Das mußte mal gesagt werden.

Auch wenn Fernando Pensato vielleicht schon längst verstorben ist. Oder nie existiert hat und nur ein Firmenname war. Egal. Seine Werke existieren noch. In meinem Herzen. Und ein Paar blaulederne mit Kork, die ich als Kind gar nicht mal so gern hatte, habe ich aus dem Schrank meiner Mutter retten können. Sie hatten ein winziges Loch am großen Zeh und sollten deshalb in den Müll. Ich habe sie gerettet und reparieren lassen. Jetzt stehen sie wieder im Schrank. In meinem. Oder laufen herum. An meinen Füßen.

Die Moral von dieser Geschichte ist: Ich weiß es nicht. Ob es frühkindliche Prägung ist oder Vererbung, die alle Frauen an die Puschen zwingt. Keine Ahnung. Ist doch auch egal, oder?

Sylvia Bieker

Gehversuche in Gelb

Ich bekenne mich. Ich bekenne mich hin und wieder zu Gelb. Gelb ist an sich bloß eine Farbe. Aber Gelb an sich ist eine Farbe, die – die Ähnlichkeit ist wahrscheinlich nicht rein zufällig – bei den meisten Leuten und so auch bei mir in der Regel Brechreiz auslöst. Eine Zeitlang – um genauer zu sein: es waren die 80er, die ja nun wieder schwer im Kommen sein sollen – da war Gelb ungeheuer angesagt.

Es gab sogar ein Modeunternehmen, das meiner Ansicht nach ganze Tonnen gelben Stoffs mit Goldknöpfen versah und ihn gewinnbringend an Frauen mit eh schon zu viel Gelb, Geld und Gold, vornehmlich im Landkreis München, hängte. Natürlich brauchte man zu diesen gelben Bouclékostümchen mit Goldknöpfen auch Schuhchen in Gelb (mit schwarzer Kappe vorne und hinten) oder umgekehrt in Schwarz mit gelben Kappen. Versteht sich, daß auch an den Schuhchen ein Goldknöpfchen hing. Genauso wie am Hütchen. Die Scheffin jenes Unternehmens sah man eigentlich nur in starkem Pink. Pink, auch so eine Farbe. Aber das gehört jetzt nicht hierhin.

Es gibt ganz wenige Ausnahmen, bei denen Gelb okay ist. Erstens bei einem 20 Jahre alten Golf Diesel (meinem!). Und zweitens als Kleidungsfarbe an meinem

Freund Lutz und an Hans-Dietrich Genscher. Beide standen lange Zeit im Verdacht, sich gegenseitig die Pullunder zu leihen. Zu der Zeit, als die beiden das noch öffentlich bzw. hochoffiziell taten, fand ich natürlich Gelb und gerade dieses Gelb fürchterlich. Aber im Nachhinein, mein Abitur mit Lutz und Genschers außenpolitische Reden sind ungefähr gleich lang her, sind beide Pullunder – ich geh jetzt mal davon aus, daß jeder von beiden doch mindestens einen eigenen besaß – quasi geschichtliche Dokumente mit hohem Identifikationsgrad. Und das liegt nicht an den Pullundern. Die trug ja zu dieser Zeit eh fast jeder, die meisten in Bordeauxrot. Bordeauxrot, auch so eine Farbe. Aber auch die gehört hier nicht hin. Nur eins noch: Lutz trug zu dem gelben Pullunder gern auch mal eine bordeauxrote Lederkrawatte. Gelb ist also eine Farbe mit hohem Wiedererkennungswert. Das heißt, wer einmal Gelb trägt oder getragen hat, den erkennt man immer wieder, auch wenn er in der Folge nur noch Schwarz an sich läßt. Ist das nicht der, der neulich mit der gelben Hose...? Ja, genau! Gelb als Stigma.

Da fällt mir ein: Zur selben Zeit, als Lutz und Hans-Dietrich Genscher in gelben Pullundern Popper- bzw. Außenpolitik machten, trug ein weiterer Freund von mir, bei dem ich nun auch aus quasi geschichtlicher Perspektive sagen muß, daß das auch schwer in Ordnung war, eine knallenge, knallgelbe Jeans. Nicht einmal und dann wegen des hohen Auffälligkeitswerts nie wieder, denn er war eigentlich sehr schüchtern. Sondern immer. Wirklich: immer. Mindestens ein ganzes Schuljahr. Also ungefähr ein halbes Jahr lang. Da aber

21

immer. Also jeden Tag. Seine Mutter hat sie ihm, glaube ich, nachts gestohlen und heimlich schnell mal gewaschen, so daß er sie am nächsten Morgen – noch ein bißchen stockig – gleich wieder anziehen konnte, was auch den Knalleng-Effekt unterstrich, denn selbst nach einem halben Jahr war diese Hose noch nicht grün. Und Gelb wird ja gern vom zu vielen Tragen und zu wenigen Waschen grün. Oder grau vom zu vielen Waschen wegen des vielen Tragens. Das kennen wir ja aus der Waschmittelwerbung, wo eine Mutter das schöne giftgelb und schwarz gestreifte BVB-Shirt ihres Sohnes in Grau in Grau verwandelt, weil nix Colorwaschmitel usw. Diese Hose aber war und blieb gelb, obwohl dieser Freund sie immer trug und seine Mutter bestimmt noch kein Colorwaschmittel hatte. Und knalleng blieb sie auch, die Jeans. Und wie eng! Erwähnte ich schon, daß dieser Freund Simpel hieß? Übrigens nicht wegen der gelben Hose. Aber noch heute, wenn ich Leute treffe, die Simpel auch kannten, und man fragt so: Weißt du eigentlich, was Simpel so macht, wo er wohnt, wie viele Kinder, Frauen etc., möchte ich wetten, daß alle sofort an diese Hose denken: knalleng, immer und vor allem knallgelb.

Daß Simpel so stark mit dieser Hose in Verbindung gebracht wird, liegt sicher nicht am Immer und am Knalleng. Denn alle trugen immer alle Sachen immer und die meisten Jeans waren total knalleng. Einige legten sich dazu auf die gute Auslegeware und rollten sich stundenlang an der Erde, um Millimeter für Millimeter in die Jeans zu kriechen. Andere legten sich in die Badewanne mit der eh schon viel zu engen Hose, um sie

danach stundenlang aufrechtstehend – bloß nicht bewegen, gibt Beulen und Falten! – am Körper trocknen zu lassen. Alle legten sich aber mit ihren Müttern an, die da meinten: Viel zu eng! Deine Beckenknochen wachsen nicht mehr (hieß: Ich will noch irgendwann mal Enkelkinder! Und gleichzeitig: Aber mit der Hose kommen sie zu früh, und ich hab' sie dann am Hals). Oder: Viel zu eng! Du holst dir eine Blasenentzündung (hieß: Ich will noch irgendwann mal Enkelkinder! Und gleichzeitig: Auch mit einer Blasenentzündung schreibst du die Erde-Klausur). Oder: Viel zu eng! Was sollen die Nachbarn sagen? Du siehst ja aus wie ein Nüttchen bzw. Zuhälterchen! (das hieß: Ich will noch irgendwann mal Enkelkinder! Und zwar welche, die ich Frau Piepenbrink vorführen kann, weil väterlicherseits Anwalt/ Arzt/Professor oder so.) Ich nähte mir meine »Wrangler 6times stonewashed« - Jeans übrigens immer noch ein bißchen enger. »Immer« im Sinne von »andauernd«. Weil viel zu eng und deshalb bei der kleinsten Hocke schon wieder aufplatzend und dann wieder viel zu weit – her mit dem Nähzeug! Manchmal klebte ich die Jeans aber auch einfach ein bißchen enger. Mit Pattex – astrein! Stank bloß ein bißchen. Und ging beim Waschen wieder auf. Manche sollen ja auch schlicht getackert haben. Das hab' ich mich aber nicht getraut. Unnötig zu erwähnen, daß meine Mutter noch keine Enkelkinder hat und ich keinen Gatten, der Anwalt/Arzt/Professor ist.

Zurück zu Simpel und seiner Hose. Schließlich lesen Sie dieses Buch, weil Sie etwas über die Passion »Schuhe« erfahren möchten. Und dieses Kapitel handelt von wichtige Lebensphasen begleitenden Schuhen,

23

nur so zur Erinnerung, vor allem zu meiner eigenen. Also ungefähr, nein, ehrlich gesagt genau zur selben Zeit, als Lutz in Hans-Dietrichs Pullundern, Simpel in seiner knallengen Jeans (hatte er nicht auch noch ein passend gelbes Sweet-Shirt (ja: swiet – sagten wir damals) oder gar einen gelben Anorak....? Alles wird so gelb gerade. Wenn Gelb gelber ist als gelb. Lutz trug also oben Gelb. Simpel unten. Und ich? Ganz unten, richtig.

Ich hatte mir von meinem eigenen Geld (das ist in diesem Zusammenhang sehr wichtig, denn obwohl auch meine Mutter eine Schuhbekloppte ist, gab sie mir noch lange nicht für alles, was Schuh hieß, ihr Portemonnaie) ein Paar richtig gelbe Wildlederstiefel gekauft. Wildlederstiefel hatten zu dieser Zeit die ganz Hippen alle. Die meisten trugen allerdings Collegeschuhe (in Bordeauxrot!) – heute sagt man Loafers – klingt ja auch viel, viel besser. Meine Stiefel aber waren gelb. Nicht ungefärbt, was manche ja schon für gelb halten, sondern richtig gelb gefärbt. Mit einer grauen Gummisohle. Also quasi Wildleder-Gummistiefel. Meine Mutter war im Normbereich einer Mutter einer Siebzehnjährigen schwer geschockt. »Dafür kriegst du von mir keinen Pfennig!« (War mir längst klar.)

Ich hatte diese Stiefelchen gesehen, wir sprachen ein paar kurze Sätze miteinander (Blödsinn), ich war ein bißchen unsicher, ob das viele Geld wohl wirklich gut angelegt sein würde, denn niemand, den ich kannte, besaß auch nur vergleichbare Stiefel, und auch ich war schließlich komplexbehaftet, obwohl ich mir das natürlich nie anmerken ließ. Aber einen großen Auftritt auf

dem Raucherpausenhof mit »Alle Augenpaare auf meine Füße!«, gellenden Pfiffen und ersticktem Gekicher aus dem Off hätte ich vielleicht auch nicht so leicht weggesteckt. Ich probiere die Stiefelchen an – tadellos – nicht zu groß, nicht zu eng, perfekt einfach, aber GELB? Eine Verkäuferin erscheint. Ich denke: Prima Stiefel, aber das GELB! Die Verkäuferin bringt den Linken. Auch tadellos. Eben prima Stiefel, aber GELB. Ich laufe ein paar Minuten in diesem Schuhgeschäft auf und ab. Gucke in die von der Erde ab kniehohen Spiegel: alles GELB. Ich ziehe die Stiefelchen wieder aus. Wiege sie in der Hand. Die Verkäuferin lächelt. Sie kennt mich und meine Mutter schon eine Weile. Ich drehe die Stiefel in meinen Händen und stelle sie vor mir auf den Boden. Ich denke: Die sind klasse, aber...

Nichts führt in solchen Situationen schneller zu einer eindeutigen Entscheidung als das Prinzip der Verknappung (natürlich, wie in diesem Fall, oder künstlich, ganz egal). Jedenfalls sagt die Verkäuferin: »Das ist das letzte Paar in neununddreißig.«

Ich kaufte die Dinger also – von meinem Gesparten. Weil man damals als Siebzehnjährige das Gesparte nicht in Form einer EC-Karte in der Tasche hatte, weil damals noch kein Sparkassen-Filialleiter so bescheuert war, Sätze wie »Die Kids sollten so früh wie möglich den Umgang mit den modernen Zahlungsmitteln lernen« zu vertreten, mußte ich die Stiefel erst mal noch im Laden zurücklassen. »Ich kaufe die auf jeden Fall! Ich komme gleich wieder! Ehrlich! Sie verkaufen sie doch nicht jemand anderem?«

Dann zur Straßenbahnhaltestelle rennen, stundenlang

auf die »Drei« warten, mit der ich dann mehrere hundert Stunden auf meine Sparkassen-Filiale zubummelte, um mich dort mit meinem Schülerausweis auszuweisen, um das von meiner Oma befeuerte, aber auf meinen Namen lautende Sparbuch zu plündern. (Später sorgte Oma dann für erneute Liquidität – »Mami kauft mir nicht mal ein Paar Stiefel! Obwohl ich die so dringend brauche, habe ich sie selbst bezahlen müssen.« Ich mochte meine Oma sehr.) Wieder zur Straßenbahnhaltestelle, Stunden später: die »Drei« kommt, aber mit was für einem Tempo! Hallo, geht das nicht ein bißchen schneller?

Zehn Minuten nach dem ersten Verlassen des Schuhladens stehe ich also mit einer Riesenplastiktüte, in der sich ein großartiger roter Schuhkarton befindet, in dem meine niegelnagelneuen GELBEN Wildlederstiefel liegen, auf der Straße. Wir fahren nach Hause. Wir stehen gemeinsam den halben Abend vor dem Spiegel. Nur unterbrochen von »Sylviaaaa, Essssnn!... Was sind denn das für Schuhe? Woher hast du die? Oh, Gott! Dafür kriegst du von mir keinen Pfennig!« (Jaja.)

Der nächste Tag: Premiere in der Schule. Meine beste Freundin wußte schon Bescheid, denn natürlich hatte ich sie am Abend vorher noch kurz angerufen und ihr in allen Einzelheiten schildern müssen, wie mein neuester Fang aussah. (Mutter: »Sylviaaaaa! Telefonierst du immer noch?«)

Freundinnen sind ja gern neidisch. Vor allem, wenn man etwas Einmaliges, wie zum Beispiel das letzte Paar in neununddreißig, hat. Gibt es das Erwählte noch ein paarmal, dann geht der Hickhack los: »Würde es dir

etwas ausmachen, wenn ich mir das auch kaufen würde?« Auch mit meiner besten Freundin gab es hin und wieder solche unschönen Szenen und manchmal ganze Phasen. Ich war auf das Schlimmste gefaßt, als ich sie in der Pausenhalle traf. Sie sah sehr fahl im Gesicht aus. Ohne »Hallo« sofort ein kurzer Blick von ihr auf meine Füße. Dann ein Strahlen auf ihrem Gesicht. Sie sagte: »Schön« und sprach nie wieder von meinen Stiefeln. Okay, stimmt! Sie fand meine GELBEN Wildlederstiefel zum Kotzen. Und das machte sie schlagartig glücklich, rotwangig, kurz: Wir blieben die besten Freundinnen. Die ANDEREN (Raucherpausenhof!) bedachten meine neuen Schuhe mit nichtssagenden Blicken. Mir sagten sie jedenfalls nichts, außer: Puh, Glück gehabt. Nur Simpel, der ansonsten wie gesagt schüchtern war und als nicht eben wortgewaltig galt, beglückwünschte mich echten Gefühls zu meinem ausgezeichneten Geschmack.

In diesen gelben Stiefelchen habe ich dann den Großteil meiner – so kann ich wohl heute relativ sicher sagen – schönsten Zeit verbracht. Daß es die Abiturzeit war, steht in keinem logischen Zusammenhang. Ob Sommer oder Winter, die Stiefel waren immer dabei. Sie waren großartig. Bequem und so schön. Selbst bei Gluthitze im Sommer konnte ich sie immer noch in den Nachtstunden, wenn es erheblich kühler geworden war, ins »New York« und ins »Café Musique« (Super-In-Treffs) tragen, ohne Fußpuder nachlegen zu müssen. Im Winter, wenn es geschneit hatte, was es bei uns häufig und heftig tat, hinterließen meine Stiefelchen ein freundliches »HALLO« oder »OLLAH« im Schnee, Schneematsch oder schlicht im Matsch. Ich hatte natürlich fürchterliche Angst, daß sie vom vielen Tragen irgendwann total im Arsch sein könnten, daß es sie für mich dann nicht mehr gäbe. Ich pflegte sie nach bestem Gewissen einer Siebzehnjährigen. Ich habe auch versucht, sie noch einmal zu bekommen. Von meiner Lieblingsverkäuferin in jenem Schuhgeschäft. Vom Hersteller. In allen möglichen Schuhgeschäften in allen möglichen Städten, in die ich meinen Eltern in meinen dollen Stiefelchen folgte, habe ich verlangt, daß man mir bitteschön die Ladenhüter zeigen soll, ich würde ein bestimmtes Paar gelber Wildlederstiefelchen brauchen. Aber nix. Nix. Ich trug sie angstphasenweise seltener, um sie zu schonen. Aber samstagabends zur brutalengen schwarzen Jeans: ein Muß. Ich habe meinen Stiefelchen sogar ein passendes gelbes Blüschen gekauft, in dem ich schauderhaft blaß aussah, denn niemand sieht gut aus in Gelb. Ich liebte es aber, weil ich es ja trug, damit es die Stiefel vertrat, die ich aus Schonungsgründen zu Hause gelassen hatte. Ich bin in diesen Stiefeln als Sozia auf einem riesengroßen Motorrad gefahren, mit einem riesengroßen, traumhaft schönen Mann, der Peter hieß und unglaubliche sieben Jahre älter war als ich, und irgendwann haben wir geknutscht. In diesen Stiefeln. Und ich habe haufenweise blaugemacht und bin nicht nach Hause gekommen, so daß mein Freund Lutz in seinem gelben Pullunder sorgenvoll mit meiner besten Freundin auf der Suche nach mir im Auto durch die Stadt brauste. Ich habe in diesen Stiefeln dreimal die Führerscheinprüfung gemacht. Ich bin in diesen Schuhen auf der Schul-Abschlußfahrt durch Paris gelaufen und habe an so was

wie die Zukunft gedacht. Ich habe auf meiner Interrail-Tour in diesen Schuhen geschlafen. Und, ich gestehe: Ich habe in diesen gelben Wildlederstiefelchen Simpel geküßt. Ich hatte an diesem Nachmittag die Wahl, ehrlich wahr: Pullunder oder Jeans – Simpel oder Lutz – küssen, im Park. Simpel ist übrigens Doktor der Chemie geworden und hat meines Wissens mindestens ein prima Kind. Lutz ist heute Journalist in Köln mit abgebrochenem Philosophie-Studium. Man könnte quasi sagen, in zwei von drei Fällen haben Mütter recht.

Was? Wo das war? Wo ein gelber Pullunder, eine knallgelbe, knallenge Jeans und vor allem ein Paar gelber Wildlederstiefel eine geile Zeit hatten? Fragen Sie jemanden, der Ihnen in Gelb entgegenkommt. Der oder die weiß sicher, wo das ist.

Ach, ja: Ich besitze die gelben Stiefelchen natürlich immer noch. Sie liegen gut geschützt in meinem Schuhkabinett (zwei Lagen Filzlappen, Plastikfolie, Karton). Wenn ich sie manchmal hervorhole – ganz selten und nur im Dunkeln, denn ich befürchte, das Tageslicht könnte ihnen den letzten Rest geben und sie vor meinen Augen zu Staub zerfallen lassen – dann ist es wahrscheinlich wie für andere in einem Fotoalbum zu blättern oder in einem alten Tagebuch zu lesen. Wie gesagt: Die 80er sollen ja schon wieder ganz schwer im Kommen sein.

Christine Ellinghaus

»Sagens, Frollein, tragt mer des jetzt so?«

Ich will Ihnen noch eine Geschichte erzählen. Die geht so: Es war einmal ein seltsamer Dieb. Der raubte die Schuhe von den Füßen der Frauen. Meist waren das hübsche und junge Frauen, und das Ganze passierte am Bahnhof, im Wartesaal, Café, irgendwo auf einer Bank. Sobald sich die hübschen und jungen Frauen hinsetzten und die Beine übereinanderschlugen – zack – schlug der seltsame Dieb zu und zog ihnen Mokassins, Sandalen, Pumps oder Pantoffeln (er hatte keine besondere Vorliebe für bestimmte Modelle) vom Fuß, und ab durch die Mitte.

Dies ist eine wahre Geschichte, nachzulesen in den Gerichtsannalen von Venedig, wo der Mann Ende der achtziger Jahre nach circa 500 derartiger verwegener Überfälle festgesetzt und verurteilt wurde.

Ich gebe zu, solche Reaktionen auf meinen Unterbau habe ich noch nicht erlebt. Leider auch keine wie die von Aschenputtels Prinz, der mit dem gläsernen Schuh in der Hand eine Art DNA-Test in den umliegenden Dörfern durchführte, bis er seine Liebste gefunden hatte und ehelichen konnte (so was wird mir wohl auch nicht passieren, denn ich würde niemals, nie, eins meiner Trittchen irgendwo liegenlassen, nicht mal für den einzig akzeptablen Prinzen, den ich kenne, den Felipe von Spanien).

30

Aber auch ich hatte natürlich schon viele Reaktionen auf mein Schuhwerk, fast täglich eigentlich, allerdings im Winter seltener als im Sommer. Das liegt in der Natur der Sache, weil Farben, Riemchen und nicht schneefeste Materialien wie Stoff, Federn oder Pailletten, also alles was Schuhe bunt und auffällig macht, eher in Schuhen für die regenarme Saison verarbeitet werden.

Obwohl – so stimmt das auch nicht, wenn ich an meinen letzten Schuh-Exzeß denke. Ich beschreibe: kurze olivgrüne Westernstiefel mit hohen sandfarbenen Absätzen und Sohlen und applizierten Spitzen aus hellem Schlangenleder, die obere Kante und die Seitennaht mit grellgrünem Nylonstoff abgesetzt, wie man ihn üblicherweise für Tragegurte an Bergsteigerrucksäcken oder ähnlich robuste Dinge verwendet. Bunt, aber eindeutig wintertauglich.

In der britischen ›Vogue‹ war übrigens über dieses Designermodell zu lesen: »This is really too much.« Fand ich nicht, klar, sonst hätte ich mir die sauteuren Biester nicht geschossen. Später wurde das Modell journalistisch wieder aufgewertet, als Anna Piaggi, Modepäpstin und Chefredakteurin der italienischen ›Vogue‹, es zu den Mailänder Fashionshows trug – und zwar in Neonorange.

Also, jetzt zu den Reaktionen: unterschiedlich, aber in jedem Fall stark, laut, hysterisch.

Zum Beispiel Kollege A.: »Boaaaaah! Was ist das denn? Ach du SCHEISSE!«

Oder Kollegin M.: »Was hast du denn da für GEILE Stiefel an? Wo gibt's die? Wieviel kosten die? Kannst du die mir auch besorgen?«

31

Oder Freund C.: »Wie siehst du denn aus? Was soll das schon wieder? Gefallen die dir etwa?«
Und meine Freundin S.: »Suuuuper! Damit gehen wir heut' abend auf Piste.«

Ein anderes Paar: Slingpumps, vorne und hinten offen, aus knallrotem Lack mit schwarzen Stilettoabsätzen. Ich trug sie – totales Understatement – zu Jeans.
Kollege A.: »Wow! Süße! Der Hammer, deine Schuhe!«
Kollegin M.: »Heyhey, kommste direkt vom Kiez heut' morgen, oder was ist das da Ekliges an deinen Füßen?«
Freund C.: »Aber hallo. Mit wem bist du denn verabredet?«
Und meine Freundin S.: »Bist du bescheuert? So kannst du doch nicht ins Büro gehen. Da kannste dich ja gleich dem Chef auf den Schreibtisch legen.«

Diese zwei Geschichten sehen auf den ersten Blick sehr ähnlich aus. Sind sie aber nicht. Sie sind komplementär gegensätzlich.

Denn: Was Männer mögen, hassen Frauen und umgekehrt. Wohlgemerkt, ich spreche hier nicht von den Schuhen, die sie selber tragen, sondern von denen an den Füßen einer anderen Frau.

Männer mögen: hochhackig, spitz, rot, sexy, mit dünnen Absätzen und viel Haut.

Frauen hassen: hochhackig, spitz, rot, sexy, mit dünnen Absätzen und viel Haut.

Natürlich gibt es Ausnahmen. Den Gatten einer Kollegin zum Beispiel, der ihr quasi verbietet, Schuhe zu tragen, die die Zehen frei lassen. Dabei hat sie weder

Hammerzehen noch Buckelhornhaut. Ich vermute, daß er eigentlich gar nichts gegen Fuß-FKK hat. Er will nur nicht, daß die ANDEREN Männer die Zehen seiner Frau sehen.

Oder meine Freundin Steffi, die aus reinstem und absolut neidlosem Herzen sagen kann: »Das sind ja wirklich wieder die perfekten Tine-Schuhe«, auch wenn es sich dabei nur um ein nacktes Nichts aus ein paar Streifen Schlangenleder an einer filigranen Sohle handelt. Ein Modell, das Frauen eigentlich dazu bringt, die Trägerin mit Blicken zu traktieren, gegen die das Gift der Tiere, denen die Schuhe zuvor gehört hatten, zuckersüßer Honig ist.

Was ich meine ist: Es gibt Männer-Schuhe und Frauen-Schuhe. Schuhe also, die Männern gefallen, und solche, die Frauen gut finden. Und niemals handelt es sich dabei um ein und dasselbe Paar.

Wenn sich Frauen nach dir umdrehen, hast du unter Garantie ein Modell einer bestimmten sauteuren Marke an, das total angesagt und in allen Frauenzeitschriften der Welt abgebildet, aber in der ganzen Stadt nicht zu kriegen ist. Selbst wenn es sich dabei um ein klobiges Teil mit einer Sohle wie ein Brikett und Eiffelturmaufdruck handelt. Da kann es dann durchaus mal dazu kommen, daß dich eine wildfremde Person an der Schulter faßt und mit flehendem Blick und zitternder Stimme fragt: »Diese tollen Mules, die Sie da anhaben, haben Sie die hier gekauft?« Und du, die du sonst bei jeder Notlüge rot wirst, zum Beispiel wenn du ein Abendessen bei der langweiligen Nachbarin deiner Cousine absagst, weil du »schreeeeeeckliche Bauch-

33

schmerzen« hast, drehst dich um und hörst dich mit einer Stimme, die nicht deine ist, sondern fünfmal so arrogant klingt wie die von Katja Flint, sagen: »Nee, tut mir leid, die habe ich mir aus New York mitgebracht.« Dabei liegt die Boutique, in der du die Trittchen gekauft hast, eine Straße weiter und dein letzter USA-Trip drei Jahre zurück. Aber du gibst doch nicht jeder dahergelaufenen Frau in College-Slippers deine Lieblingsadressen, noch dazu, wo jetzt Schlußverkauf ist und sie die Super-Mules 200 Mark billiger kriegen würde als du selbst vor zwei Monaten. (Wobei natürlich gesagt werden muß: Diese zwei Monate waren die 200 Mark wert. Denn die Frau, die dich soeben so um die Schuhe beneidet hat, war mindestens schon die vierzigste, die dir gierig auf die Füße gestarrt hat. Da sage nochmal einer, Frauen zögen sich nur für Männer an.)

Männer schuhtechnisch zu beglücken ist ziemlich einfach. Siehe oben. Um dagegen Frauen zu beeindrucken, muß man beweisen, daß man den richtigen Riecher hat für das, was in dieser Saison modetechnisch begehrt ist, und das Geschick, diese Dinge auch im Labyrinth des deutschen und ausländischen Einzelhandels aufzuspüren. Das ist nämlich gar nicht so einfach. Männer wissen diese intellektuelle Leistung in den seltensten Fällen zu würdigen.

Einer dieser seltenen Fälle sitzt übrigens in München und ist der Pförtner bei meiner allerersten Arbeitsstelle. Er ist so mehr oder weniger 59 Jahre alt, hat graue Haare, einen dicken Bauch und einen brummigen bayrischen Akzent (in München nennt man solche Typen Grantler). In einer Art Morgenstudium hat er sich zum

34

Fachmann in Calcealogie (dieser Begriff ist von mir frei erfunden und bedeutet Schuhwissenschaft, von lat. »calceatus«, Schuhwerk) weitergebildet. Sein Studienobjekt war ich, und wohl von Anfang an. Nicht daß wir in den ersten Tagen und Wochen unserer Bekanntschaft mehr als ein »Grüß Gott« wechselten, wenn ich gegen zehn zum Dienst eilte. Oder stöckelte. Oder trippelte. Oder stelzte. Oder klapperte. Oder schlurfte. Je nachdem.

Herr Meister, so will ich ihn hier nennen, sah sich das schweigend an. Und zwar nicht mit Wohlgefallen, sondern mit etwas, das man eher als Verwunderung bezeichnen kann, die sich zur Verwirrung, später zu echter Betroffenheit steigerte. Der Mann hielt mich für verrückt. Kein Wunder. Denn neunzig Prozent meiner Körperfläche trugen Schwarz, Dunkelblau, Beige oder Braun, doch die unteren zehn Prozent – nagelbeschlagene gelbe Wildlederclogs. Oder: Pumps aus schwarz-weiß-geflecktem Kuhfell. Oder: grellgrüne Trekking-Sandalen. Oder: Holzklepper mit silbernem Satin. Oder: pinkfarbene Sandalen mit Keilsohle. Oder: blau und grau geringelte Turnschuhe mit durchsichtigen Sohlen. Und vor allem: jeden Tag was anderes, so daß mein guter Herr Meister mit seinem konservativen CSU-Naturell auch nicht den Hauch einer Chance hatte, sich an irgend etwas zu gewöhnen.

Doch eines Tages, ich trug ein T-Steg-Modell aus lila und braunem Kroko, sprang er über seinen ausladenden Schatten und blaffte: »Sagens, Frollein, tragt mer des jetzt so?« Natürlich war ich baff. Und weil ich nicht wußte, wie ich dem alten Grantler erklären sollte, wie

35

das mit Frauen und Schuhen und ihrer merkwürdigen Leidenschaft funktioniert, weil er das ja eh nicht verstehen würde (tat ich ja schließlich auch nicht), verfiel ich in meiner Überraschung auf den alten Weibchen-Trick. Ich hob den Fuß und das daran befestigte T-Steg-Modell zwanzig Zentimeter vom Boden (so daß Herr Meister ihn hinter seiner Pförtnertheke gut sehen konnte), schwenkte ihn ein paarmal leicht hin und her wie ein Stück Fleisch, das man beim Metzger von allen Seiten begutachten darf, und sprach kokett: »Gefallen sie Ihnen?« Da schwieg der Herr Meister einen Moment und brummte schließlich: »Scho«, was auf bayerisch soviel wie »durchaus« bedeutet und – durchaus – als Kompliment zu verstehen ist und das Eis zwischen uns brach.

Von da an bekam ich jeden Morgen einen Kommentar zu meiner Schuhwahl. »Hams die neu?« Oder »Des Rosa, des steht Eana ausgezeichnet.« Oder »Wann tragens denn nochamal die hellblauen Sandalen mit die Blumen?« Und ich kam von da an extra ein paar Minuten früher zur Arbeit, um ihm die Vorzüge meines Tagesmodells zu erläutern. Manchmal zog ich auch einen Schuh aus, um ihm zum Beispiel die besonders niedlichen Schnallen von nahem zu zeigen oder ein zweites Paar aus der Tasche, damit er mich beriete, was zu meinem heutigen Outfit besser aussähe. Ich habe ihm auch in Frauenzeitschriften gezeigt, was ich in dieser Saison zu kaufen gedachte, und er lieh sich die Zeitschrift bis zum Abend und riet mir, nachdem er sich ausführliche Gedanken gemacht hatte, zu oder ab. Wenn ich die Teilchen dann erstanden hatte, war er natürlich

der erste, dem ich sie vorführte. Er konnte auf den ersten Blick Prada und Gucci unterscheiden und wußte die komplizierte Handarbeit bei perlenbestickten Pantöffelchen zu würdigen. Er hielt zum Schluß noch nicht mal mehr die Luft an, wenn er den Preis des einen oder anderen Paars erfuhr. Er war ein echter Connaisseur. Leider, leider blieb er in München, als ich nach Hamburg ging.

Aber manchmal, wenn ich in Stilettos versuche, einem Bus hinterherzurennen und dabei die hämischen Blicke der Passanten im Nacken, bzw. auf meinen Fersen spüre, denke ich: »Ihr Ignoranten! Der Meister dagegen, der hätte gewußt, warum diese Highheels es allemal wert sind, zehn Minuten auf den nächsten Bus zu warten.« Danke, Herr Meister.

Sylvia Bieker

Die Sache mit dem 23. Chromosom

Als Oskar Lafontaine und Christa Müller auf einer Bank im heimischen Garten ihren einen Monat alten Sohn Carl-Maurice der Presse vorstellten, wurde Lafontaine gefragt, was er an seinem Sohn am schönsten fände. Er soll geantwortet haben: »Die Schuhe.«

Fragt man die Männer, die selbst keinen Schuhtick haben, woran es wohl liegen kann, daß so viele Frauen einen Schuhfimmel haben, so sagen diese gern: »Das liegt an den Genen.« Aha!

An den Genen oder Hormonen liegt eigentlich immer alles, was sich Männer an Frauen und Schwulen nicht erklären können. Das sind auch die Männer, die gern mal von ihren Frauen, Freundinnen, Müttern oder sonstigen Weibchen in Schuhgeschäfte mitgeschleppt werden – »Nur mal kurz gucken!« – und da ihrer Meinung nach mehrere Stunden gefangen gehalten werden. In Wirklichkeit sind sie ganz freiwillig von innerlich totaler Faszination und äußerlich tödlicher Langeweile an den Stuhl gepappt. Wenn sie am Ende eines oder mehrere Paare für einen bezahlen, liegt auch das am Innen-Außen-Spannungsfeld und den daraus resultierenden typisch männlichen Krausgedanken: »Wenn ich sie schon nicht glücklich machen kann, dann will ich, daß sie mir wenigstens dankbar ist.« und »Ja, dann nimm doch beide! Endlich, nur raus hier!« Die Sache mit dem

23. Chromosom ist also eine Jammerlappentheorie. Aber eine gute, wenn was dabei rausspringt.

Wenn man wissen will, was sonst noch alles auf diesem 23. Chromosom wohnt, braucht man auch nur Männer zu fragen:

- lange Haare
- Busen, großer
- stundenlanges Quatschen
- die Fertigkeit, Röcke zu tragen
- die Unfähigkeit, freihändig ein Rechteck zu zeichnen
- die Unwilligkeit, Bierkästen zu schleppen
- die Fähigkeit, nach zwei Bier zu sagen »Jetzt trinke ich mal ein Wasser« sowie, sich einen ganzen Abend an einem Wein festhalten zu können
- die Ausdauer, einen Laura-Ashley-Katalog von vorne bis hinten durchzulesen
- das Vermögen, einen Pullover richtig an- UND auszuziehen
- das vorauseilende Sehen von Dreck
- das Können, mehr als zwei Gewürze und Kräuter sowie
- das Unvermögen, weniger als drei verschiedene Biersorten auseinanderzuhalten
- die Fähigkeit, beim Gedanken an Willy Brandts Kniefall von Warschau sofort heulen zu können, wenn sich zuvor die Gelegenheit zu kurzer Konzentration ergibt
- die Unfähigkeit, unter Wasser die Augen offenzuhalten

- die Angst vor Spinnen und Mäusen sowie Artverwandtem
- eine hohe Stimme
- das Unvermögen, einen Ball gerade zu werfen
- die Anlage, zuerst zu reden, und dann erst, Sie wissen schon
- die Fertigkeit zu häkeln
- das Verlangen, Fenster zu putzen
- das Bedürfnis, Kuscheltiere bis zum Alter von 60 aufzuheben
- der Anspruch, der Mutter lange Briefe zu schreiben
- das dumme Gesicht, wenn man statt roter gelbe Rosen, noch dazu mit lila Fresien geschenkt bekommt
- die Geduld, Paketschleifen zu binden und unversehrt zu öffnen
- die Einsicht in die Notwendigkeit, Einkaufslisten zu schreiben

Soso, und mittendrin oder vorn oder hinten liegt also auch der Schuhtick. Das nenne ich das Wissen in den richtigen Händen.

Zurück zu Lafontaine jr.: Stimmt die 23. Chromosom-Theorie, dann ist Carl-Maurice also ein Mädchen. Oder noch logischer: Oskar Lafontaine ist eine Frau. Das allerdings würde einigermaßen schlüssig erklären, warum er immer zimperlicher wurde und nach so kurzer Zeit der Großregentschaft mir nichts, dir nichts zurückgetreten ist und es auch noch geschafft hat, allen ein schlechtes Gewissen zu hinterlassen. Wahrscheinlich war ihm die Yellow-Press schon auf den Fersen.

Aber jetzt mal im Ernst: Warum hegen so viele Frauen eine Leidenschaft für Schuhe?

Diese Frage habe ich natürlich auch meiner Mutter gestellt. Schließlich mache ich sie für meinen Wahnsinn auch irgendwie verantwortlich. Sie sagte: »Ich hab' mal irgendwo gelesen« – damit fangen, glaube ich, alle Sätze meiner Mutter an, die sie sich vollkommen selbst ausgedacht und mitnichten irgendwo gelesen hat – »daß Schuhe für Frauen so wichtig sind, weil sie das einzige Kleidungsstück sind, das sie selbst immer sehen können, also von oben.«

Meine Freundin Tine meint, daß der Schuhtick vielleicht mehr der Balance of Power zwischen den Geschlechtern dient, was den Punkt Aufrüstung anbelangt. Da fällt mir ein, daß es in Paris oder irgendwo in den USA, vielleicht aber auch überall, mal eine Aktion für die Opfer von Landminen gab, bei der die Demonstranten Schuh um Schuh ihrer eigenen, jedoch ziemlich alten, auf einen Haufen legten, um zu zeigen, wie viele Leute schon keinen rechten oder linken Schuh oder beides mehr bräuchten, wegen dieser fiesen Landminen. Das war sehr eindrucksvoll, fand ich. Auch, weil da so viele Schuhe rumlagen, die man einfach so hätte stibitzen können. Ich stelle mir aber jetzt gerade vor, wie es wohl ausgesehen hätte, wenn Tine an der Aktion teilgenommen hätte und vielleicht diese 20 Zentimeter hohen Stahlstiftabsatz-Wildlederpumps auf diesen Haufen geworfen hätte. Das hätte doch bestimmt der eine oder andere als puren Hohn bezeichnet. Obwohl es sicher ein größeres Opfer von Tine gewesen wäre als das derer, die da ihre sohlenlosen alten Klepper

hingeschmissen haben, statt lange Wege zum entsprechenden Container an der und der Straßenecke zu machen.

Manche sagen auch, daß Frauen und Schuhe so gut zueinanderpassen, weil der Schuhfimmel nur eine neuzeitliche Metapher für zum Teil schon (schon!) verschüttete Urinstinkte ist: Jagen, Reproduktion, Brutpflege, Vorratshaltung. Die, die das meinen, haben aber wahrscheinlich auch im Sinn, all die anderen glücklicherweise vergrabenen Urinstinkte wiederzubeleben.

Noch ein paar Theorien gefällig? Bitteschön:
Historisch gründet der Schuhtick darin, daß das Tragen von hohen, aufwendig oder kostbar gearbeiteten Schuhen noch bis ins 19. Jahrhundert fast ausschließlich den höheren Ständen (also dem völlig überzüchteten Adel, würde mein Freund Lutz mit einem Hinweis auf die asthmatischen Beschwerden von Yorkshire-Terriern sagen) vorbehalten war. Das heißt, Frauen mit einem gefüllten Highheels-Schuhschrank wünschen sich eigentlich nach Neuschwanstein oder Balmoral oder sonstwohin auf die Seiten vom ›Goldenen Blatt‹. Das würde auch erklären, warum Feminist- und Ökistinnen originär eher aufs Flache stehen. Psychologen behaupten ja auch, daß Schuhe ein Symbol für das Leben sind, das die Frau gern führen würde, aber nicht führt. Zur historischen Erklärung paßt auch die Märchentheorie: Hat man den richtigen Schuh, dann klappt's auch mit dem Prinzen, egal wie lange man vorher in der Asche gesessen und Täubchen gefüttert hat.

42

Der von mir sehr geschätzte englische Finanzanalyst Alexander Kinmont hat herausgefunden, daß der feminine Schuhtick auch eine wirtschaftliche Relevanz hat, mal abgesehen davon, daß unglaublich viel Geld flüssig gemacht wird. Kinmont sagt, daß die wirtschaftliche Lage einer oder aller Nationen an den Schuhen zu erkennen ist. So brächten wirtschaftlich schlechte Zeiten die abstoßendsten Schuhmoden hervor. Damit widerspricht er übrigens den Vertretern jener Theorie, die da lautet: je kürzer die Röcke, desto größer das Vertrauen in die Konjunktur. Wenn ich aus meinem Bürofenster gucke, sehe ich viele viele Mädchen, die vor McDonald's und dem Mannesmann-Handy-Shop stehen und stundenlang auf Ich-weiß-nicht-was warten. Die Geräusche, die ihre Gummiklumpfüße und die kurzen Nylonröckchen und die langen Lackledermäntelchen dabei machen, sind also gar kein knirrzknarrz pfftpfft, sondern BIP, BAP, DAXxxxxtztztzz und xxxXetra.

Hobbywissenschaftler, also nicht die, die Wissenschaft als Hobby, sondern die, die Hobbys als Wissenschaft betreiben, könnten erklären, daß Schuhe als Leidenschaft sehr geeignet sind, weil sie die Möglichkeit bieten, jeden Tag, jede Sekunde seinem Hobby zu frönen und es darzustellen. Das können zum Beispiel Angler nur, wenn sie den ›Blinker‹ auch noch während der Arbeitszeit lesen.

Auch Soziologen stellen ja hin und wieder sehr kluge Fragen. »Warum braucht die Gesellschaft Frauen mit einem Schuhfimmel?« ist eine davon. Die Antwort will ja doch niemand wirklich wissen.

43

Die Frage, warum Frauen eine echte, hingebungsvolle Leidenschaft für Schuhe haben, ist also nicht allzu leicht zu beantworten. Leichter ist dann vielleicht die: Warum haben bestimmte Frauen einen Schuhfimmel? Ich habe da mal ein paar Kategorien gebildet. Vielleicht können Sie sich ja der ein oder anderen zuordnen und forthin alle Fragen nach dem Warum Ihres Schuhticks klar beantworten.

- Gruppe Imelda Marcos: zuviel Zeit, Geld und Dienstboten im unbeständigen Wetter Manilas mit zwei bis drei prekären Staatsbesuchen pro Jahr.
- Gruppe Ava Gardner: zuviel Busen, Po, Haar und Verehrer.
- Gruppe Kessler-Zwillinge: zu viele Füße, zuviel Gesteppe und damit zuviel Abnutzung.
- Gruppe Marilyn Monroe: zuviel Warterei auf den Richtigen, Depressionen, zu wenig zu trinken.
- Gruppe Liz Taylor: zuviel zu trinken, zu viele Diäten, zu wenig Warterei auf den Richtigen.
- Gruppe Sophia Loren: zuviel Italien vor der Haustür.
- Gruppe Lilli von Schaumburg-Lippe: zuviel Angst, nicht mehr dazuzugehören und mal einen Trend zu verpennen.
- Gruppe Veronica Ferres: zu großer Bekanntenkreis mit zu vielen 40sten und 50sten Geburtstagen.
- Gruppe Elton John: zuviel Geltungsdrang, zu schlechtes Augenlicht, wechselnde Bekanntschaften.

Ich habe übrigens auch eine *plausible* Erklärung dafür, daß Frauen logischerweise Schuhe lieben, näm-

lich meine eigene: Schuhe machen einen von jetzt auf gleich größer und selbstbewußter. Man wirkt manchmal schlanker mit ihnen, als man ist. Schuhe machen schön, irgendwie schaffen sie das, was Specialdragées nicht mal von innen gelingt. Und sich auftakeln wie der Weihnachtsbaum vorm Empire State Building, um klasse oder solide zu wirken: nicht nötig. Selbst in Jeans und T-Shirt muß man sich in guten Schuhen bei keiner Gelegenheit schämen. Auch wenn er plötzlich und unerwartet von der Autobahn abbiegt und einen kleinen Umweg zum Haus und Tee seiner Mutter macht, um unabgesprochenerweise die Verlobung zu verkünden. Schuhe sind der beste Grund, die beste Freundin zu hassen. Und Schuhe sind die schönste Art, Geld in rauhen Mengen aus dem Fenster zu schmeißen.

P.S. Je länger ich über die Gründe für Lafontaines Rücktritt nachdenke, desto glaubwürdiger wird das mit dem 23. Chromosom. Denn als Oskar eine erste private Stellungnahme zu seiner Entscheidung, von allen Ämtern zurückzutreten, vor laufenden Kameras hielt, war auch wieder sein Sohn dabei. Er saß auf Papas Schultern. Und jeder Mensch vor dem Fernseher konnte klar und deutlich erkennen, daß Carl-Maurice Entenkopfplüschpuschen trug, die seinem Vater rechts und links an den Ohren baumelten.

 45

Christine Ellinghaus

Wasser und Brot für die Guccis

Schuhsucht kommt von Sehnsucht. Genauer gesagt: Sehen – und Sucht. Das ist eine Konstante. Passiert andauernd. Die Variablen heißen: Erstens, wo sind diese Schuhe? und zweitens, wieviel Geld besitze ich zur Zeit? Daraus ergeben sich vier Möglichkeiten:

A) im Schaufenster und genug.
B) im Schaufenster und keins.
C) in einer Zeitschrift und genug.
D) in einer Zeitschrift und keins.

Die beste Möglichkeit ist natürlich A). Dann gehe ich einfach in das Geschäft und kaufe die Dinger. Ha.

Die anderen drei sind schwieriger. In aufsteigender Reihenfolge übrigens. Ich fange deshalb mal mit B) an.

Für B) braucht man Charme. Natürlich war man schon im Laden drin, hat sich die Objekte der Begierde bringen lassen und anprobiert. Man ist vor einem Spiegel auf und ab marschiert, hat im Kopf verschiedene Kleiderkombis durchprobiert, die phantastisch zu diesem Modell passen würden, und danach mit einer Mischung aus Entzücken und Entsetzen festgestellt, daß die Dinger gut sitzen und gut aussehen, daß man also dranhängt am Haken. Und hat sie wieder ausgezogen, ist nach Hause und ins Bett gegangen und am nächsten Morgen wieder aufgewacht mit dem Gedanken: Die muß ich haben.

Ich pflege in solchen Fällen das betreffende Geschäft so bald wie möglich noch einmal aufzusuchen. Im stillen hege ich dabei die verzweifelte Hoffnung, daß die Traumtrittchen in der Wirklichkeit doch nicht mehr so schön sind wie in der Erinnerung. Oder daß sie in der Zwischenzeit schon verkauft worden sind, was mich kurzfristig traurig machen, langfristig aber eines Problems entheben würde. Diese Hoffnungen trügen. Immer. Ist ja auch klar. Diese Schuhe sind ja wirklich für mich bestimmt. Von irgendwem da hingestellt für meine persönlichen Füße.

Natürlich ist das Einbildung. Aber zumindest eine kollektive. Oder was machen all die anderen Frauen, die neben mir an der Scheibe kleben oder genau wie ich im Geschäft rumschleichen und irgendwie aussehen, als hätten sie ein schlechtes Gewissen?

Es wäre interessant, mal zu hören, ob Schuhverkäuferinnen sich dieses Phänomens bewußt sind. Daß wir einfach nicht anders können, angefixt sind wie Hunde vor der Wursttheke. Wahrscheinlich wissen sie es schon. Sie haben die Macht. Das unterscheidet sie von allen anderen Verkäuferinnen. Vielleicht haben Sie auch schon mal festgestellt, daß Schuhverkäuferinnen sich gerieren, als seien sie etwas Besseres. Besser als Wurstverkäuferinnen zum Beispiel. Ist ja klar. Die haben keine Macht. Oder nur über die falschen Leute. Was nützt es denen schon, daß Hunde sie sabbernd durch die Scheibe anstarren? Hunde sind nicht diejenigen, die die Wurst kaufen. Sie haben kein Geld. Da macht die Macht keinen Spaß.

Bei Schuh-Junkies ist das anders. Die kommen zur Tür herein, das geöffnete Portemonnaie quasi auf die

Stirn gemalt und wispern: »Sagen Sie, äh, diese Mokassins da im Schaufenster, gibt's die auch in achtunddreißig?«

Ich persönlich glaube ja, daß es Absicht ist, wenn Schuhverkäuferinnen immer »leider, leider nur noch sechsunddreißigeinhalb oder zweiundvierzig vorrätig« haben. Denn 99,9 Prozent aller Frauen tragen 38, 39, 40 (ich kenne nur drei mit 37, darunter ich selbst, und meine Freundin Marion mit 43,5, aber die muß alles, was auch nur ein bißchen weiblich ist, in einem Spezialgeschäft einkaufen). Und es kann doch nicht sein, daß ausgerechnet diese Größen, von denen jeder halbwegs kaufmännisch begabte Schuhgeschäftbesitzer auch das 99fache geordert haben müßte, immer, immer, immer ausverkauft sind. Das ist die Macht der Schuhverkäuferinnen, die übrigens um so mehr ausgespielt wird, je teurer die von ihr zu vertreibenden Schuhmarken sind.

Denn die können sie sich von ihrem Schuhverkäuferinnengehalt nicht leisten und gönnen sie daher auch keiner anderen Frau. Was an sich unlogisch ist, denn wenn der Schuhladenbesitzer keine Schuhe mehr verkauft, verlieren sie ihren Arbeitsplatz und können sich noch nicht mal mehr Schuhe von Billig-Bata leisten. Aber so weit denken sie wohl nicht.

Außerdem haben Verkäuferinnen oft wegen des vielen Stehens dick geschwollene Knöchel, weswegen ihnen Riemchensandaletten, viele Arten von Pumps oder Loafers und enge Stiefel nicht besonders gut stehen. Daher verspüren sie Neid.

Wir fassen zusammen: Schuhverkäuferinnen haben es mit Süchtigen zu tun, die von ihnen Stoff wollen. Daher

verspüren sie Macht. Gleichzeitig leiden sie selber an der Sucht, können sie aber aus finanziellen und anderen Gründen nicht stillen. Folge: Schuhverkäuferinnen hassen ihre Kundinnen. Zumindest viele davon. Sie möchten sich ihnen überlegen fühlen. Deshalb haben sie zum Beispiel auch die niedrigen Anprobebänkchen abgeschafft, auf denen sie früher zu Füßen – erniedrigend! – ihrer Klientin saßen, um den anzuprobierenden Schuh, der auf einer Art schrägen Rutsche vor ihnen abgestellt wurde, mittels Daumendruck auf die richtige Paßform zu überprüfen. Ob ein Schuh paßt oder nicht, muß man heute schon selber wissen.

Dieses Wissen um die Psychologie des Einzelhandelsfachpersonals ist notwendig, um Operation B) erfolgbringend ausführen zu können. Wenn hier also von Charme, der angewendet werden soll, die Rede ist, so ist eine gewisse Form von schmeichlerischer Unterwürfigkeit gemeint, die der Verkäuferin das befriedigende Gefühl gibt, die Herrin über Ihr Wohl und Wehe in einer ganzen Sommersaison zu sein. Oder anders gesagt: Lügen Sie! Tun Sie nie so, als sei es Ihnen ein leichtes, mal eben ein Paar Dreihundertmarkschuhe zu kaufen. Sie sind arm. Arm wie eine Kirchenmaus. Arm wie eine Schuhverkäuferin. So was schafft Solidarität.

Ein Beispiel: Als ich einmal ein Paar sehr teure Stiefeletten von Jil Sander begehrte, die ich mir eigentlich nicht leisten konnte, die ich aber trotz dieses Wissens anprobierte und nur unter Weinkrämpfen wieder ausziehen konnte, nutzte ich flugs die Situation, also meine Tränen, und erzählte der Verkäuferin, daß man mir soeben meine Brieftasche gestohlen habe. Ich wolle

49

die Schuhe, buhuhuu, unbedingt haben, aber ich sei aus Berlin (weit weg) und käme erst in drei Wochen wieder. Es gebe ja nur noch wenig gute Menschen und viel mehr Verbrecher, zum Beispiel den Dieb meiner Brieftasche, aber sie, sie sehe so nett aus, ob sie mir die Schuhe nicht...« »... Z-u-r-ü-c-k-l-e-g-e-n? Also das ist ja schon lang, drei Wochen, das ist bei uns aber nicht üblich.« »Och biiiiiiitte! Ich könnte Ihnen auch meine letzten 20 Mark dalassen und nach Hause trampen...« »Na ja, also ausnahmsweise.« Bingo!

Auch erfolgreich: »Mein Opa will mir zum Examen hundert Mark schenken. Zusammen mit meinem Ersparten würde das gerade für diese Sandaletten reichen, die ich dann zum Abschlußball tragen könnte. Aber mein Examen ist erst in vier Wochen. Können Sie mir helfen?«

Oder: »Mein Freund hat mich wegen einer Jüngeren verlassen, die auch noch die gleiche Schuhgröße hat wie ich. Er hat das Konto gesperrt und alle meine Schuhe mitgenommen, um mir weh zu tun. Ich brauche dringend was anzuziehen, aber mein nächstes Gehalt kommt erst in zwei Wochen.«

Sie haben das Muster verstanden? Dann werden Sie auch den Rest schaffen, nämlich innerhalb der ausgehandelten Frist das Geld zusammenzukriegen. Pumpen Sie Ihre Patentante an, lassen Sie sich einen Vorschuß geben, gehen Sie mit Ihrem Bankmenschen aus, ziehen Sie Ihren Geburtstag vier Monate vor. Wenn Sie die Schuhverkäuferin überwunden haben, schaffen Sie den Rest auch. Es mag Ihnen schäbig vorkommen, so die Wahrheit zu verdrehen. Aber erstens wollen Sie das Geld

ja nicht stehlen, sondern nur leihen. Und außerdem ist es ja nicht so, daß Sie nicht bereit wären, sich zu kasteien, um es zurückzuzahlen. Als ich noch jünger und ärmer war, lebte ich wegen meiner Schuhsucht teilweise monatelang von Nudeln mit Butter und Cox-Orange-Äpfeln (wegen der Vitamine), brachte in die Disco meine eigene Cola mit und ging zu Fuß nach Hause, um das Geld für die Straßenbahn zu sparen. Zweitens geben Sie so einer Schuhverkäuferin das angenehme Gefühl, etwas Gutes getan zu haben und daß es irgendwo auf der Welt jemanden gibt, der ihr auf ewig dankbar ist. Was ja auch stimmt. Und so was ist doch sehr schön.

Für die Versionen C) und D) brauchen Sie übrigens nicht zu lügen. Dafür brauchen Sie Freunde. Und zwar in aller Welt. Denen schicken Sie dann den Zeitungsausriß mit dem von Ihnen begehrten Paar Pumps oder Sandalen mit der Bitte, sie Ihnen doch zu besorgen. Es gibt einige Orte, da müssen Sie unbedingt Freunde haben. Wenn nicht, schaffen Sie sich welche an. Diese Orte heißen: London, New York (wahlweise Los Angeles), Mailand, Florenz (wahlweise Rom), Barcelona oder Madrid. In Deutschland: Berlin, Hamburg, München, Düsseldorf. In London kriegen Sie Marken wie Lisa Johnson und Jimmy Choo, die man in der britischen ›Vogue‹ oft, in Deutschland selten sieht. In Italien gibt's Prada, Gucci und Sergio Rossi viel, viel billiger, in Paris Hermès und Louis Vuitton. In Amerika finden Sie Manolo Blahnik und die neusten und angesagtesten Sneakers-Modelle, in Spanien die zur Zeit angesagte Marke Campers und ziemlich gute Stiefel.

51

Schuhe im Ausland zu »ordern« hat auch den Vorteil, daß man mit der Geldbeschaffung etwas mehr Zeit hat (wichtig für Version D). Ich habe aber auch eine sehr nette Freundin aus Berlin-Charlottenburg, die mir mal den Kaufpreis für ein Paar Stéphane-Kélian-Flechtpantoletten ein paar Tage vorgestreckt hat. Wahrscheinlich war sie froh, daß sie sie nur abholen mußte und nicht erst noch danach suchen. Das hatte ich schon getan, indem ich die deutsche Vertretung von Kélian im Herstellernachweis meiner Frauenzeitschrift anrief und mir sämtliche Boutiquen durchgeben ließ, die die Marke führten. Eine Arbeit von zwei ganzen Nachmittagen, aber erfolgreich. Ich habe ja schließlich nicht Größe 38. Sondern eine Freundin in Berlin.

Meine Freundin Sylvia behauptet übrigens, daß auch Bad Salzuflen ein Ort sei, in dem man unbedingt jemanden sitzen haben müßte, weil es da einen tollen Schuhladen gebe. Ich habe leider bisher noch niemanden kennengelernt, der da lebt.

Liebe Leserin aus Bad Salzuflen, bitte melden.

Christine Ellinghaus

18 Zentimeter sind gelogen, oder: Wer hat den höheren?

Gemeinhin werden hohe Schuhe ja eher als Teufelszeug dargestellt. Als eine Art Pawlowscher Reflexauslöser. Absatz ab Zentimeter 10, Hecheln bei allen männlichen Beobachtern. Irgendein Designer hat das mal in etwa so beschrieben: Der Busen poppt vorne raus, der Po poppt hinten raus und die Hüften poppen abwechselnd rechts und links raus. Bei der Frau also. Das waren nicht seine genauen Worte, aber so ungefähr. Stimmt auch. Hohe Schuhe tragen poppt. Ich bin ja glücklicherweise nur 1,64 Meter groß und daher auch mit 20 Zentimetern drunter noch kleiner als die meisten Männer, im Gegensatz zu meiner Freundin Sylvia. Die ist ja sehr groß und trägt deshalb keine Absätze, weil sie, wie sie sagt, »lieber in blaue Augen als auf fettiges Haar« guckt. Wegen dem Respekt, den sie sonst verlieren würde.

Neulich ist der Herr Neuser, der schräg unter mir wohnt, fast die Treppe runtergefallen, nur weil ich mit 12 Zentimetern mehr als sonst von oben kam. (Das ist aber auch so einer mit Satellitenschüssel auf dem Balkon, da weiß man ja, was der für Programme guckt, und eine Frau Neuser gibt's auch nicht.)

Das poppt aber auch besonders stark, das Treppenruntersteigen, das will ich dem armen Herrn Neuser

53

jetzt mal zugute halten. Und daß es keine Frau Neuser gibt. Das ist ja dann gewissermaßen ein Notstand. Und für Menschen in Not muß man, wenn schon keine Hilfe, so doch zumindest Verständnis haben. Deshalb hatte ich auch nichts dagegen, daß der Herr Neuser so starrte, sondern fast das Gefühl, ihm was Gutes zu tun, dem armen Mann. Und ich war echt froh, daß er nicht wirklich die Treppe runterfiel, sondern sich beherzt am Geländer festklammerte. Denn ich wäre in keinem Fall in der Lage gewesen, ihm aufzuhelfen aus meiner luftigen Höhe, es sei denn, ich hätte vorher meine Schuhe ausgezogen. Das wiederum hätte mich sehr geärgert, denn es waren ganz komplizierte Schnürdinger und mein Taxi wartete vor der Tür. Also nickte ich ihm nur freundlich und huldvoll zu (von oben) und stöckelte weiter bergab.

Manchmal ändert sich der Blickwinkel, von dem aus man die Welt betrachtet, in meinem Fall wie gesagt von oben, innerhalb von Sekundenbruchteilen. Es war der Taxifahrer, ein stiernackiger Mensch von bestimmt hundert Kilo, der mich amüsiert beobachtete, wie ich zu seinem Auto schwankte.

Dazu muß man wissen, daß ich normalerweise zu den wenigen Frauen gehöre, die auf hohen Schuhen wirklich laufen und (zum Beispiel kurz vor Ladenschluß) sogar rennen können. Und ich finde, das sieht sogar ganz gut aus. Ich habe einen Hüftausschlag von circa sieben Zentimetern nach links und sieben Zentimetern nach rechts, genau wie man ihn Marilyn Monroe nachsagt (immerhin!), wozu sie aber angeblich ungleich hohe Absätze brauchte. Ich nicht. Der Trick, den mir übrigens

meine Mutter beibrachte, ist, die Sohle abzuro]
wie bei normalen Schuhen, und wenn das nic]
sich wenigstens vorzustellen. Faustregel: m²
niemals stöckeln. Das klappt eigentlich im
etwa 15 Zentimetern Unterbau, nicht aber vor meinᵣ
Haus. Ich wohne nämlich in einer sehr angenehmen und
durchaus gediegenen Jugendstilallee, deren Häuser
aber vom Rest der Welt durch eine unpassierbare
Barriere aus Kopfsteinpflaster, Schlammlöchern,
Hundehaufen und parkenden Autos vollkommen abge-
schnitten sind, auf der selbst eine Absatzakrobatin wie
ich unvermeidlich ins Schlingern kommen muß.

Während ich also auf das Taxi zubalancierte, wobei
der Fahrer mich abschätzig taxierte (jetzt weiß ich auch,
woher Taxis ihren Namen haben), erfuhr ich einen jähen
Perspektivenwechsel. Ich war auf einmal eins mit dem
Schlamm zu meinen Füßen (Gott sei Dank nicht AN
meinen Füßen! Ich hätte mich erschossen, wenn meinen
Schuhen was passiert wäre!) – ein niedriges Wesen auf
hohen Absätzen. Eine Lachnummer. Und das wegen
eines dämlichen, glotzenden Taxifahrers. Das konnte
nicht sein, ich straffte die Schultern, drückte die Knie
durch und versuchte, meine Contenance wiederzuge-
winnen, indem ich mich ins Auto schwang und raunzte:
»Zur Max-Brauer-Allee, aber dalli.«

Während der Fahrt (bei der ich beleidigt schwieg)
ging mir einiges durch den Kopf. Oder vielmehr eine
einzige große Frage, die da lautete: »Warum tu' ich mir
das an?«

Ich überlegte hin und her und kam zu keinem Schluß
und beschloß daher, mentalmäßig eine Liste mit Pro-

…d Contra-Argumenten anzulegen. Das wird in 'sychobüchern immer so empfohlen und kann daher auch für Fragen der unteren Extremitäten nicht schaden. Die Liste (in meinem Kopf) sah so aus:

Pro:
1. Man ist größer als vorher und kann anderen besser in die Augen schauen.
2. Man sieht schlanker und langbeiniger aus.
3. Finden Männer sexy. (Schmeichelhaft!)

Contra:
1. Man kann nicht richtig gut laufen.
2. Abends tun die Füße weh, und auf die Dauer werden sie krumm (ich mache täglich fünfmal eine Übung gegen Hallux valgus, den sogenannten Hammerzeh. Zur Vorbeugung).
3. Finden Männer sexy. (Lästig!)

Drei zu drei. Fazit: Für Psychoprobleme sind Psycholisten vielleicht hilfreich, für Bekleidungsprobleme nicht.

Meine Mutter, die sowieso gegen meine hohen Absätze ist (ein Fall von plötzlicher Altersweisheit, denn sie selbst ist 1,55 Meter groß und stand eigentlich jahrzehntelang deutlich über dem Erdboden), hat mir geraten, es doch einfach mal auszuprobieren. »Einen Tag mit, einen Tag ohne. Dann wirste schon sehen.«

Ich beschloß, das Experiment zu wagen, um endlich die nagenden Selbstzweifel (»Bin ich eigentlich bescheuert?«) zu besänftigen. Allerdings ohne den Hoch-Tag – ich trage nämlich ständig hohe Hacken, wie sich

das anfühlt, ist mir hinlänglich bekannt.

Also der Flach-Tag, von Anfang an: Das richtige flache Paar auszuwählen war auch nicht schwerer als sonst, denn ich besitze mindestens genauso viele flache Schuhe wie hohe, nur trage ich sie nicht. Oder nur selten, bei Sonntagsspaziergängen und Bootstouren zum Beispiel. Ich wählte ein Paar schwarze Nappalederslippers mit einer amphibienartigen Gummisohle, die sie aussehen läßt wie Taucherschuhe (hochaktuell). Leise schlich ich die Treppe hinunter. Nicht, weil ich etwa verbergen wollte, daß ich heute kleiner war als sonst (vor Herrn Neuser), sondern weil flache Sohlen einfach nicht klappern. Diese Tatsache ist erst mal neutral zu sehen, denn sie kann sowohl schädlich (wenn man jemand bestimmten in einer Kneipe auf sich aufmerksam machen will) als auch nützlich sein (zum Beispiel beim Ladendiebstahl).

Als ich ins Büro kam, sagte meine Kollegin Birgit: »Flache Schuhe! Da siehst du ja richtig anders aus, viel dick... – äh, ich meine, völlig veränderte Proportionen.« Punkt für die Hohen. Kein Punkt für Birgit, die dann noch stammelte: »Is' vielleicht wegen der Hose«, was mich auch nicht wieder versöhnen konnte, man hat ja seinen Stolz. Als wenig später mein Chef nach einer Lupe verlangte, sprang ich sofort auf, um das Ding fix und samtsohlig zu beschaffen. Noch während ich das tat, kam ich mir ziemlich blöd vor. Wieso soll eigentlich ich die Lupe holen? Kann er das nicht selber? Nur weil ich jetzt schnell laufen kann, muß ich es noch lange nicht tun.

Beim Einkaufen in der Mittagspause war das Laufen-

57

können aber wieder ein Vorteil, besonders mit schweren Taschen in der Hand. Nachteil: Der Mann vom Obststand behandelte mich längst nicht so zuvorkommend. Dafür amüsierte ich mich köstlich über eine Dame in widerlichen weißen Lackpumps, die genau vor mir ins Straucheln geriet.

Daß mein Lieblingskollege »Na, meine Kleine« zu mir sagte, fand ich in Ordnung, daß unsere neue Praktikantin, ein 1,80-Meter-Geschoß wie fast alle ihrer Generation, es hätte sagen können, weniger. Und meinem Chef sehe ich auch lieber aus einer Distanz von 15 Zentimetern in die Augen als aus 30, wobei ich erstaunt registrieren mußte, daß meine Kollegen (»Mann, bist du wirklich so klein?«) vier Jahre lang meine Schuhe als natürlichen Bestandteil meines Körpers oder zumindest als eine Art permanente Prothese betrachtet hatten.

Daß mir auf dem Nachhauseweg weniger Männer nachschauten als sonst, fand ich an diesem Tag erträglich, besonders weil meine Füße nicht schmerzten. Geschätzte Einsparung an Dr. Scholl's Fußbad pro Monat: 14,50 Mark, ein schönes Sümmchen, immerhin. Um über den Tag zu reflektieren, begab ich mich also an diesem Abend nicht ins Badezimmer, sondern in meine Schuhkammer. Wo ich zu folgendem Ergebnis kam: Hohe Hacken machen einen zu einem höheren Wesen. Du mußt den Kaffee nicht selber holen, sondern er wird dir gebracht. Du stehst über den Dingen und hast den Überblick. Und die Aufmerksamkeit. Das ist die wahre Emanzipation.

Andererseits: Auf flachen Sohlen bist du unauffällig. Selbst mit dem kürzesten Rock der Welt kannst du noch als Junge durchgehen. Philosophisch gesagt: Du läßt

dein Geschlecht hinter dir. Das kann manchmal ziemlich schön sein.

Als ich an diesem Abend mit meiner Freundin Nicole telefonierte, um sie um Rat zu bitten, sprach sie salomonisch: »Ich weiß gar nicht, was du hast. Mach's doch wie ich. Ich habe immer ein Paar Ersatzschuhe in der Tasche, je nachdem, ob ich zwischendurch schnell noch shoppen oder aber abends noch ausgehen will.« Ich bin ihrem Rat gefolgt und gehe jetzt nur noch zweigleisig. Nur manchmal habe ich diese Tage (prämenstruelles Syndrom?), an denen gar nichts geht. Dann wechsele ich alle zwanzig Minuten zwischen hoch und flach, schwarz und weiß, doch nichts macht mich froh. Und dann gibt's nur eine Rettung: neue Schuhe kaufen. Egal, ob hoch oder flach.

Sylvia Bieker

»Wie läuft die denn rum?«

Sie: »Neue Schuhe?« – Ich: »Nee, die habe ich schon gaaanz lange.«
Sie: »Neue Schuhe?« – Ich: »Hm, ja, wie findst'n die?«
Zwischen den beiden Antworten verläuft die Demarkationslinie. Die erste Sie mag mich nicht sonderlich, die andere ist eine Freundin.
Ich: »Neue Schuhe?« – Sie: »Ja, toll, ne?«
Ich: »Neue Schuhe?« – Sie: »Nee, die habe ich schon lange.«
Die erste mag ich nicht. Die zweite ist Tine.

Nehmen wir nur mal rein theoretisch an, Sie haben eine Freundin wie ich. Wie ich Tine. Eine beste Freundin. Sie liebt Sie. Sie lieben sie. Sie ist immer für Sie da. Sie hat eine genauso hohe Telefonrechnung wie Sie. Sie können gemeinsam ganze Abende durchlachen. Sie verreisen gemeinsam. Sie lesen die gleichen Bücher. Sie teilt sogar Ihre Leidenschaft für Schuhe. Aber sie hat Größe 37. Und Sie haben 39, wie ich. Und sie mißt nur knapp einen Meter, aber Sie sind 2 Meter groß, so wie ich und ein ganz normaler Gorilla. Und sie hat beste Verbindungen zur italienischen Schuhmafia. Und Sie nicht, so wie ich. Und sie hat andauernd neue Schuhe. Und Sie nicht. Okay, manche sind superscheußlich, grauenhaft, quasi ein ledergewordener Alptraum. Trotz-

dem, wie sie darauf rumstöckelt, so sühüß, daß es Ihnen schlecht wird, genauso schlecht wie mir übrigens, denn die scheußlichen Dinger gewinnen durch Ihre Freundin. Und jeder guckt ihr nach. Aber viele ihrer Schuhe sind verdammt! verdammt! verdammt geil. Neidfaktor 14. Mit Sternchen. Aber selbst, wenn Ihre Freundin sie Ihnen leihen würde, was sie nicht tut, wenn sie Schuhe liebt, und was komplett anders ist als bei allen anderen Kleidungsstücken, Sie bekämen Ihre Kohlhieselshufe, selbst wenn Sie sie eine Woche lang in Salz gepökelt hätten, nicht in diese aschenputtelschuhgroßen Trittchen rein und so wird's auch nix mit Felipe von Spanien. Tja. Was tun? Freundschaft kündigen? Doch wohl nicht! Erblinden, ertauben und Thema wechseln? Ich?

Ich habe mir einfach angewöhnt, milde zu lächeln und durch innere Einkehr und sanfte Blicke auf meine Kontoauszüge zu reiner Reife gefunden. Zu echter Nächstenliebe, jenseits von Neid und Mißgunst. Ich versuche, nicht dran zu denken, und ich red' nicht gern drüber. Gar nicht ignorieren, wie der Hamburger sacht. Wenn's geht. Wenn nicht, gehe ich aus dem Raum und trinke einen Schnaps. Echte Freundschaftsdienste. Das muß natürlich nicht sein, wenn DIE andere überhaupt nicht Tine ist. Wenn es gar keine Freundin ist. Wenn es nur irgendwer ist, der Schuhe trägt, die Sie gern hätten, also eine Feindin. Dann kann man nämlich was machen!

Kommando: Ich säge an Uschis Stöckel

Neid ist auch eine gute Leidenschaft. Keine moralisch

lobenswerte und schon gar keine gelobte. ›Kleine Philosophie der Passionen: Neid und Eifersucht‹ würde ich aber sicher lesen wollen, aus rein wisssenschaftlichem Interesse. Neid an sich ist ja auch gar nicht so problematisch. Was man sich halt selbst so antun kann. Problematisch ist das »Was tun?«. Es muß theoretisch souverän und leicht, beschwingend wie eine Weichspülerbrise, nebensächlich und keinesfalls neidisch wirken. Da beißt sich die Katze in den Schrank, sagt Tine schon mal.

Was kann man also machen, um die Schuhe der anderen loszuwerden?

Die eleganteste Lösung ist, sich exakt die gleichen Dinger auch zuzulegen und besser darin auszusehen.

Schön einfach ist die Methode **positives Nervtöten:** »Deine Schuhe sind ja so schön. So toll. Die stehen dir ja auch so gut. Die sind ja so schön. Toll, toll, toll.« Und das mindestens dreimal täglich. Bis sich die Betreffende lieber ohne Schuhe zeigt, als sich weiter Ihrem fürchterlichen Rangewanze auszuliefern. Das offene Geheimnis lautet: Frequenzerhöhung.

Positives Madigmachen bis Wegloben kann eventuell auch für besonders schwere Fälle eine Ergänzungstaktik zur obengenannten sein: »Deine Schuhe, eine echte Wucht, ein Traum. Ich finde ja, daß man bei leichtem Übergewicht nicht mehr auf solchen Absätzen rumlaufen sollte. Aber du, toll. Noch. Hast du eigentlich jetzt die 23 Kilo abgenommen? Mit diesen Trittchen siehst du deiner Mutter wirklich richtig ähnlich. Und die ist ja auch so eine tolle Frau. Wo hast du diese Schuhe bloß her? Superschuhe! Was ist das da

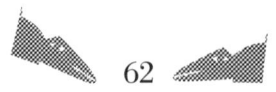

eigentlich an deiner Ferse? Ein Überbein? Ja, so fängt das an. Das kann unangenehm werden. Und unschön, wenn das jeder gleich sehen kann, in so offenen Schuhen. XX und YY (hier die geschmacklosesten gemeinsamen Bekannten einsetzen) haben sich ja neulich genau dieselben gekauft. Oder ganz ähnliche. Aber die haben auch nicht solche Schwierigkeiten mit der Schrumpflederferse. Blablabla...« Hintergrund dieser Taktik ist der gekonnte Einsatz bestimmten Wissens über die Person, die die neiderregenden Schuhe trägt, ohne das mehr als einmal raushängen zu lassen. Die Devise lautet: kurz und gezielt die Schwächen anpeilen und Feuer! So, daß die Betreffende es selbst glauben muß, daß ihre neuen Schuhe etwas über ihr Gewicht und ihre Mutter preisgeben. Wegloben ist dann noch etwas für Gewiefte. Die ganze Feindin loszuwerden und mit ihr all ihre Schuhe für jetzt und alle Zeiten und dabei auch noch gut dastehen: ein großer Sieg. Bravo!

Negatives Nervtöten und **negatives Madigmachen** sind das Ehrlichste. Denn Boshaftigkeit ist der kürzeste Weg zur kurzzeitigen Befriedigung. Also ein befreiendes »Die sehen ja/du siehst ja bescheuert aus!«, und das oft und gemein aus allen Lagen. Gut tut das. Bringt aber nichts. In der Regel, von der es ja Ausnahmen geben soll, für deren Erprobung ich immer gern eintrete.

Hintermrückenschlechtdrüberreden ist eine reine Grenzergänzungstaktik, für was auch immer. Funktioniert für sich allein nicht. Dafür werden Sie sie wahrscheinlich bereits beherrschen, wenn Sie ein leidenschaftlicher Mensch sind, oder?

Kaputtmachen und Sabotage ist die Taktik für

total Unbeherrschte, aber eigentlich die effektivste. Denn dann sind sie erst mal weg, die Scheißdinger. Schwierig könnte es allerdings werden, an die Schuhe heranzukommen, ohne daß die Füße der Besitzerin noch drinstecken. Aber eigentlich – wo Sie schon mal so weit sind, was kümmern Sie da noch die Beine der Feindin? Man muß zu Opfern bereit sein.

Sind Sie sowieso schon eine Anhängerin von **Verschwörungstheorien**? Dann wird es Ihnen sehr leicht fallen, eine Verbindung von den noch unschuldig wirkenden Trittchen über die Russenmafia und den Albaner-Toni sowie den CIA, Akte X, die Waffen-freirechtler und den internationalen Esoterikkongreß hin zu: »Sind das wirklich echte Gracelands?« zu finden.

Allen die gleichen Schuhe schenken ist die Methode für die ganz Perfiden. Das macht aber sicher am meisten Spaß und kurzzeitig viele neue Freunde.

Für die **Denunziationsmethode** brauchen Sie einen guten Draht zur Presse. Aber Sie kennen ja jetzt uns. Allerdings bräuchten wir für eine Meldung über eine Rückrufaktion des Herstellers oder einen Bericht über schwere irreparable Allergien mit der indizierten Nebenwirkung allgemeiner Hautkrankheiten mit schwerem Verlauf schon die genaue Modellbezeichnung Ihres Feindschuhs.

Totschweigen ist was für echte Heldinnen. Denn unter Umständen braucht man einen sehr, sehr langen Atem und ein loyales Netzwerk von lauter anderen Totschweigern. Aber es ist die einzige mir bekannte Methode, die garantiert wirkt.

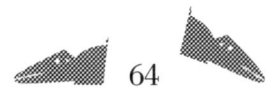

Und dann sind da ja auch noch die Leute, die man sich selbst zum Feind machen kann. Zum Beispiel mit – Schuhen. Nicht mal, weil man welche trägt, die die nun gern hätten. Das heißt, man trägt sie nicht im herkömmlichen Sinne, also an den Füßen. Sondern in einer oder zwei auffälligen Tüten. Folgende Geschichte: Tine und ich unternehmen eine Reise auf Einladung eines Unternehmens, das uns mal vor Ort so richtig informieren will. Hamburg – Frankfurt – Turin. Schon in Hamburg auf dem Flughafen erkennen wir die lieben Kollegen, die wohl auch nach Turin wollen. Nicht, daß wir sie kennen, wir erkennen sie. Ich glaube, das geht einem Schlachter aus dem Rheinischen genauso. Auch er wird in einer Menge von – sagen wir – 250 000 Menschen auf dem Petersplatz in Rom vor den Augen und unter dem Mäntelchen der huldvollen Weihworte unseres Heiligen Vaters seiner Ingrid zuraunen: »Guckma, Ingi, der da und der da, dat sind sicher Kollegen. Der bestimmt im Schlachthof von Peine und der im Vatikanstaat.«

Im Flugzeug nach Frankfurt erzählt Tine von diesem Schuhladen im Übergang zu Terminal B. Wir haben in Frankfurt eine Dreiviertelstunde zum Umsteigen in die Maschine nach Turin. Wir gehen natürlich zu diesem Schuhladen. Tatsächlich, wunderbares Schuhwerk dort. Wie lange dauert es wohl, mehrere Paar Korkplateaus anzugucken, anzuprobieren, sich nicht entscheiden zu können und letztlich zwei Paar zu kaufen, zu bezahlen und einpacken zu lassen? Ungefähr eine gute halbe Stunde. Wir haben zwei monströse Papptüten an unseren Armen, zusätzlich zu unserem eh schon vorhandenen Handgepäck und stellen fest, als wir wieder in unseren Umsteigeterminal wollen, daß wir uns in eine lange Schlange für einen neuerlichen Securitycheck einreihen müssen.

Als wir das erstemal aufgerufen werden, bitte doch jetzt mal langsam an unser Gate zu kommen, befinden wir uns immer noch in dieser Sicherheitskiste. Ein ganz klein bißchen wird mir schon bang. Endlich können wir laufen. Einen langen Gang entlang. Die Tüten schlackern wild an unseren Handgelenken. Wir werden nochmals aufgefordert. »Letzter Aufruf für die Passagiere Ellinghaus und Bieker für Lufthansa tralala nach Turin!« Wir sehen unser Gate schon, hektisches Bodenpersonal kommt auf uns zu. Wir hechten beherzt in den bereitstehenden Bus – in den nur noch auf uns wartenden Bus – der uns nun also doch noch zu unserem Flugzeug bringt, und kichern erst mal ein bißchen über unser Glück.

Und dann bemerken wir sie. Die stechenden Blicke. Das abschätzige Gelächel. Das feindliche Gegrinse unserer Kollegen. Und alle starren auf die Schuhtüten, die wir ja auf dem Flug von Hamburg noch nicht bei uns hatten. Gut, sie hatten auf uns warten müssen. Das tat uns leid. Aber schließlich sind wir ja alle noch rechtzeitig in diesem Flieger angekommen und werden pünktlich starten.

Der einzige Grund, mit uns auch in Turin noch so gut wie kein Wort zu reden, konnten tatsächlich nur diese Schuhtüten gewesen sein, denn den Inhalt haben sie nicht ein einziges Mal gesehen. Oder lag es vielleicht daran, daß wir uns in Turin dann auch noch einen

Nachmittag zum Shoppen von der Truppe absetzten? Die lieben Kollegen ahnten ja nicht, daß wir hier gar keine Schuhtüten suchten, sondern eine ganz bestimmte Fendi-Tasche.

An dieser Stelle sollte ich gerechtigkeitshalber noch den einzigen mir bekannten realen Fall erwähnen, bei dem eine mir nahestehende Person (raten Sie mal wer?) nicht das Opfer schuhbedingter Anfeindungen war, sondern sich selber schwer aktiv feindlich verhielt, und das aus gutem Grund: Über verschlungene Kanäle war meine Bekannte an ein Paar silberne Riemchensandaletten von Genny gelangt. In Größe 37. Ein Meisterwerk vermutlich nervenstarker und kurzsichtiger Filigranhandwerker. Voller Stolz probierte sie sie an, zeigte sie Kollegen, und da sie sich nicht weiter als eigene Körperlänge von ihnen entfernen wollte, stellte sie sie auf ihren Schreibtisch. Dann: bambambambam (düstere Paukenschläge, der Bösewicht tritt auf, Klaus Kinski lugt schon hinterm Vorhang hervor) – das traumatische Erlebnis nimmt unvermeidlich seinen Lauf, und alles geht plötzlich sehr schnell. Kollegin B. P. taucht im Türrahmen auf, schreit »Oohhhh! Darf ich die mal anprobieren?«, und im gleichen Moment hat sie die Trittchen schon in der Hand, reißt sie zu Boden und versucht, ihre riesigen Mindestens-Größe-41-Füße in die zwei Zehen- und das eine Knöchelriemchen hineinzuzwängen. Daß wir uns richtig verstehen: Das Ganze lief so schnell ab, wie man es sonst nur in Büchern lesen kann. Ein ganzes leidenschaftliches Leben verdichtet sich in dreieinhalb Sekunden, und es bleibt keine Zeit, in irgendeiner Form zu reagieren. Nicht mal ein gepreßtes »Nein, nicht! Bitte!« kommt meiner Bekannten über die Lippen. Ganzkörperlähmung. Die Dumbokollegin sieht zwischenzeitlich ein, daß ihre Füße nicht in diesen Schläppchen unterzubringen sind, schleudert sie leicht aggressiv, auf jeden Fall schwer rotköpfig, von sich und verläßt den Raum. Meine Bekannte wacht langsam aus dem agonieähnlichen Zustand auf, wirft sich auf den Boden, über ihre eben noch neuen, nun entweihten Genny-Trittchen und prüft erst mal, ob ihren Lieblingen nicht schlimmeres als ein traumatisches Erlebnis passiert ist – vielleicht gebrochene Lederherzchen oder Dehnungsstreifen. Schwein gehabt!

Und trotzdem, die Dickhautkönigin hatte Blutwurst verdient. Zum Teil hat sie sie bekommen. In Abwandlung der Taktiken »Negatives Madigmachen« und ergänzend »Hintermrückendrüberlästern«: Als »der Trampel in den bestickten Samtslippern« ist sie vielen auch heute noch ein Begriff.

Es gibt aber auch Feindinnen, die Feindinnen sind, weil sie Ihre Feindinnen sind und nicht, weil sie Schuhe tragen, die Sie nicht haben. Weil Sie die Neue Ihres Ex ist, zum Beispiel. Die Nutte in roten Lacklederpumps oder die nette Ökistin in den Ecco-Schuhen, die, wenn's regnet, riecht wie Dschingis Khans Hammelherde. Da lohnt es sich dann, ein bißchen genauer hinzuschauen. Wer Hefepilz in fortgeschrittenem Stadium entdeckt, kann fromm lächelnd über Tausend-Dollar-Treter hinwegsehen. Wenn der kleine Zeh umrandet von Borke ohne

Ende aus der Echtgold-Sandalette blinzelt und von sämtlichen Nägeln der Lack bröckelt, weil der sich in all den Rillen und Falten nicht halten kann. Wenn nach wochenlangem Geheul mit den Herzschmerz-CDs 1-14 auf Repeat das Altglas höher steht als das Altpapier und sich der Hunger langsam wieder meldet und man am Samstagmittag dann im Kaufhof in der Lebens-mittelabteilung auf DIE Feindin trifft und sieht, daß sich in ihren todschicken Ballerinas ein mordsmäßiger Hammerzeh abzeichnet. Das ist Genugtuung.

Christine Ellinghaus

Drei Zimmer, Küche, Bad – und ein Extraraum für meine Schuhe

Ich habe 121 Paar Schuhe. Hintereinander aufgereiht ergeben sie zweimal die Schmalseite eines Fußballfeldes, die, wie ich mir habe sagen lassen, Torauslinie heißt. Man kann sich leicht vorstellen, daß die Torauslinie kein geeigneter Aufbewahrungsort für Mädchenschuhe ist, wegen der umherfliegenden Bälle zum einen und der ziellos herumtrampelnden Männer (in stollenbewehrten Kampfschuhen!) zum anderen. Wohin also sonst damit?

Meine Mutter hat in ihrem Keller einen großen Weidenkorb. (Was ich ja an früherer Stelle bereits erwähnt habe.) Dahinein wirft sie die Schuhe, die sie nicht mehr trägt. Achtlos, ohne Respekt. (Meine Mutter ist Wassermann, die sind angeblich nicht so materialistisch.) Als ich vor ein paar Jahren mal wieder den Korb fledderte, fand ich ein Paar Jean-Patou Clogs, die ich in mühevoller Handarbeit (ich schaute mir dabei vor lauter Wut im Fernsehen eine alberne Vorabendserie an) wieder in Form bringen, glattbürsten und von jahrzehntealten Staubkrusten befreien mußte, ehe ich sie tragen konnte. (Ich habe glücklicherweise die gleiche Größe wie meine Mutter.) Dabei gehören manche von Mamas Schuhen mit vollem Recht in ein Museum. (Während ich das schreibe, höre ich im Geiste ihre Stimme, die

 70

vorwurfsvoll sagt: »Du hattest mir doch versprochen, daß wir zusammen in das Ferragamo-Schuhmuseum in Florenz fahren.« Ha, einfach lächerlich. Ins Schuhmuseum mit jemandem, der seine eigenen Oldtimer in einem Korb aufbewahrt. Ein Witz.)

Lange überlegte ich daher, wie ich meinen ungeborenen Kindern, speziell Töchtern, meine eigene Sammlung in besserem Zustande hinterlassen könnte, ohne eine Lösung zu finden. In der Zwischenzeit verstaute ich sie unter meinem Bett (ich leide glücklicherweise niemals, auch nicht in Turnschuhen, an stinkigem Fußschweiß), mußte aber vor jedem Ausgehen jeweils eine Viertelstunde mehr Zeit einkalkulieren, weil ich zum Anprobieren der zum Outfit passenden Schuhe fast alle Schachteln wieder hervorholen mußte, wobei ich mir im schlimmsten Fall auch noch eine Laufmasche zuzog.

Meine Freundin Nanni hatte damals eine Art alte Ladentheke, mit vielen Schubfächern, die sie auf dem Flohmarkt gekauft hatte. In den Achtzigern kaufte man ja die komplette Wohnungseinrichtung entweder vom Designer (schwarzes Leder, Chrom-und-Glas-Tische, als Lampe Halogen und/oder »Original«-Neonschriftzüge) oder auf dem Flohmarkt (unbequeme Eichenstühle mit zerschlissenen Polstern, düstere Küchenanrichten, abgenutzte Goldrandteller). Manche Leute machen das noch heute, aber ich bin ziemlich froh, daß ich den Trödel, den ich damals erstand, nicht aufgehoben habe wie meine Schuhe. Obwohl einige von ihnen nach heutigem Geschmack wirklich scheußlich sind. Ich weiß aber, daß sie in wenigen Jahren wieder topaktuell sein werden. Es gibt schließlich nicht sooo viele Schuh- und Absatzformen, und weil die Mode jedes Jahr wieder was Neues auf den Markt werfen muß, werden in, ich schätze mal, zwei Jahren, Lack und Spitz und was man in den Achtzigern nicht noch für Scheußlichkeiten trug, wieder dran sein. Und dann werde ich, wenn man mich anspricht auf meine modische Fußbekleidung (ich denke da insbesondere an ein Paar schwarzweiß gewürfelte Stiefeletten, die mir mein damaliger Freund Orazio, ein Italiener, geschenkt hat), ziemlich cool antworten: »Och, das sind gaaanz alte Dinger von Free Lance.« Was im Klartext heißt: »Ätsch, da kannst du noch so oft nach London fahren, so welche findest du nicht mehr.« Und: »Ätsch, ich hatte vor zehn Jahren schon einen guten Geschmack, als du gerade erst den Unterschied zwischen Adidas und Nike kapiert hattest.«

Daß sich Schuhmoden wiederholen ist also ein weiterer guter Grund für eine ordentliche Aufbewahrung. Keine gute Aufbewahrung war übrigens Nannis Ladentheke. Erstens konnte sie sich nie erinnern, welches Paar in welcher Schublade steckte, weshalb sie dazu überging, die Kleider, die sie tragen wollte, an den Schuhen auszurichten, die sie als erste aus der Theke zog. Zweitens waren die Schuhe (Größe 40) durch die kleinen Schubladen (Größe 38) völlig zerdrückt und ziemlich schnell ruiniert, was aber nicht schlimm war, weil Nanni zu den Frauen gehört, die viele, aber billige Schuhe kaufen und sie, wenn sie kaputtgehen, statt zum Schuster in den Müll tun. Was für mich nicht in Frage kommt.

Ich trage nämlich immer beste Qualität. Ich bin so

erzogen. Das soll jetzt nicht wie eine Entschuldigung klingen, aber bei uns zu Hause gab es immer Butter (»gute Butter«, sagte man damals), nie Margarine, zwei oder drei Eier im Kuchen und keine Konserven, sondern Frisches (außer Dosenerbsen und -möhrchen von Bonduelle), und ich trug Wrangler-Jeans und einen Original-US-Parka, nicht Jinglers (von C&A) und Anorak mit weißem Kunstfellbesatz. Obwohl wir nicht mehr Geld hatten als andere auch, ein Eigenheim besaßen, aber keinen Swimmingpool, einmal im Jahr in Urlaub fuhren und keine teuren Hobbys pflegten, genau wie die Familien fast aller meiner Klassenkameraden, kam ich mir deshalb früh schon besser oder zumindest besser ausgestattet vor, was im Prinzip, auch wenn es vielleicht gar nicht stimmt, kein schlechtes Lebensanfangsgefühl ist. Darauf legte meine Mutter wert: echte Butter, echte Jeans – und echte Schuhe. Sie sagte: »Du kannst olle Jeans und olle T-Shirts tragen, aber die Schuhe müssen teuer sein.« Echte Grasshoppers mit drei, echte Kickers mit zehn, echte Danske Loppen (erinnern Sie sich an diese gelbledernen breiten Dänentrampeln in Form eines Entenschnabels?) mit 14. Und ich mit beiden Füßen drin.

Ich habe nicht darüber gesprochen. Nicht, weil ich keine Angeberin war, sondern weil ich einmal in einer Skifreizeit erlebt hatte, wie ein Mädchen (Dagmar aus Köln) zur Außenseiterin wurde, weil sie ständig erklärte, daß dieses oder jenes bei ihr zu Hause aber besser, schöner, teurer sei. So habe ich gelernt, daß der Ausdruck »Qualitätskuh« ein Schimpfwort sein kann, obwohl ich dies bis heute nicht einsehe. Ich bin nämlich selber eine. (Und Dagmar fand ich übrigens so nett, daß ich den von meiner Mutter gebackenen Gute-Butter-zwei-Eier-Marmorkuchen mit ihr teilte, der ihre Anerkennung fand.)

Dieser kleine Exkurs hat uns beim Thema Aufbewahrung leider nicht weitergebracht. Oder nur insofern, als er beweist, daß meine Schuhe unmöglich in Ladentheken, Weidenkörben oder, wie bei vielen Leuten üblich, gestapelt im Schrank schlafen können. Ich habe mich, wo auch immer ich hingeriet, unauffällig und diskret umgesehen, aber bei den meisten Frauen nicht mehr entdeckt, als häßliche Schuhschränke oder diese hängenden Stoffregale, in die nie mehr als zwanzig Paar passen. Oder Aufreihungen am Boden, was die Schuhe nicht im geringsten vor Staub und Lichteinwirkung schützt. In der Wohnung meiner Freundin Saša, die – wie ich aus jahrelanger Beobachtung weiß –, mindestens genausoviele Schuhe hat wie ich, habe ich nie auch nur einen einzigen Schuh gesehen, außer denen, die sie gerade trug. Ich weiß bis heute nicht, wo sie sie versteckt hat. Unterirdisch? Auf dem Speicher? Bei einer Aufbewahrungsfirma?

Ich habe eine Zeitlang überlegt, mir einen gewaltigen Schrank aus Plexiglas bauen zu lassen, wie ich ihn in einer Reportage über die Wohnung der philippinischen Diktatorsgattin Imelda Marcos (4000 Paar) gesehen hatte. Aber selbst die kleinere Ausführung für ca. 100 Paar hätte soviel Geld gekostet, wie die 100 Paar zusammen. Solche Möbel gibt's leider nicht serienmäßig.

Der Anspruch an den Unterbringungsort ist folgender: Die Schuhe müssen vor Licht und Staub geschützt wer-

den. Sie dürfen nicht gequetscht werden. Sie müssen leicht hervorzuholen sein. Und gut sichtbar, denn schließlich hat man auch jede Menge Schuhe, die man nicht gekauft hat, um sie jemals zu tragen, sondern nur, um sie zu besitzen, nach Bedarf auszupacken (Filmstar spielen) und einfach mal so anzuziehen.

Die Lösung fand ich erst, als ich meine erste Wohnung mit Ankleidezimmer anmietete. Darin gab es an einer Wand zwei Stangen, an denen ich meine Kleider aufhängen konnte, an der anderen ein Regal für Pullover und ähnliches und auf der dritten Seite – Platz für meine Schuhe. Dort stehen sie nun in ihrer natürlichen Hülle, dem Karton, in Zehnerhäufchen aufeinandergestapelt. An dessen Vorderseite habe ich Polaroidfotos geheftet, die ich – ein Ritual – noch am Tag des Kaufes mache und auf deren Rückseite ich Marke, Kaufdatum und Preis vermerke. Theoretisch ist also das Museum schon fertig. Und praktisch habe ich ständig die ganze Kollektion vor Augen und im direkten Zugriff. Seit es allerdings in letzter Zeit wieder ein bißchen eng wurde, habe ich meine jeweiligen Lieblingsschuhe, immer so an die zehn Paar, mit Clips an einer von Wand zu Wand gespannten Schnur aufgehängt, was ihnen nicht schlecht bekommt.

Diese Clips, an denen man normalerweise Stiefel aufhängt, damit die Schäfte nicht weich werden oder abknicken, habe ich von meinem Schuster, dem besten Schuhmacher (Achtung! Niemals einen Schuhmacher Schuster nennen. Beleidigung!) Hamburgs. Den habe ich so gefunden, wie ich auch schon den jeweils besten Schuhmacher von Stuttgart, Rom, Köln und München

75

entdeckt habe. Indem ich in allen teuren Schuhläden nachgefragt habe, wer der beste Mann am Ort ist, und von allen den gleichen genannt bekam, einen, der Leder mit Leder repariert und weiß, wie man eine Kreppsohle behandelt. Und der vielleicht eine Mutter hat, die mir ein Stück geblümtes Wildleder mit feiner, doch haltbarer Zierstichnaht unsichtbar geflickt hat, das gerissen war, als mir eine alte Dame auf der U-Bahn-Treppe in die Kniekehlen fiel und wir beide hinunterkollerten, wobei sie auf mir landete – was ihren Oberschenkelhalsknochen rettete und meine Sandale ruinierte bzw. fast ruinierte. Denn ich kannte ja bereits den besten Schuhmacher von Hamburg und seine geschickte Mutter.

Was ich auch empfehlen kann: orthopädische Schuhmacher. Zu Hause hatten wir einen, der selbst Pantoffeln behandelte wie lebende Wesen und mir ein Paar Schnürstiefeletten über Jahre hinweg immer wieder heilgemacht hat.

Ich wußte damals noch nicht, daß man kein Paar Schuhe zwei Tage hintereinander tragen soll, weil das Leder sich regenerieren muß. Das hat mir erst Orazio, mein bereits erwähnter italienischer Ex-Freund, beigebracht (der wie alle italienischen Männer ein großer Kenner war und mir auch 1987 meine ersten Prada-Schuhe schenkte). Und daß farbige Schuhcreme Blödsinn ist, weil sie meist abfärbt, oder gar die Farbe des Leders verändert, was besonders bei dunkelblauen Schuhen schlimm ist, weil ein schönes Dunkelblau rar ist und gehütet werden muß. Ich putze seitdem nur noch farblos. Mein Vater sagt, daß man bei schwarzen

Schuhen darauf achten soll, daß das Leder durchgefärbt ist und nicht nur wie eine Art Film obendrauf liegt, weil, wenn der brüchig wird und unter der Schicht das helle Leder zum Vorschein kommt, dann kannst du die Schuhe wegwerfen. Auch diese Regel habe ich stets beherzigt und in den Fundus meines Schuhwissens aufgenommen. Eine Freundin erzählte mir, daß man Lackschuhe in Innenräumen eintragen sollte, weil in der Zimmerwärme der Lack weicher ist und nicht reißt. Man soll sie auch nicht imprägnieren, sondern teure Spezialpflegemittel in hübschen Flaschen benutzen, genau wie für Reptil- und Anilinleder. Ha, und was Sie wahrscheinlich immer schon mal wissen wollten und ich vor einer Woche rausgefunden habe: Korksohlen saubermachen geht ganz einfach mit einem Radiergummi.

Nachdem ich jetzt diese praxistauglichen Geheimtips überliefert habe, hätte ich noch ein paar Fragen an die fachkundige Leserschaft, die mich schon lange quälen:

Wie bekommt man Kreppsohlen wieder hell? Gibt es ein Mittel, um weichgewordene Stiefelschäfte wieder zum Stehen zu bringen? Wie repariert man Löcher in Wildleder? Womit reinigt man am besten das Schuhinnere? Und: Weiß irgend jemand, wo meine Freundin Saša ihre Schuhe aufbewahrt?

Zuschriften bitte an den Verlag.

Sylvia Bieker

Mein Mann steht auf englisch

Neulich stand ich mit einem Freund vor einem unglaublich hippen Laden in der Hamburger Innenstadt. Wir mußten uns dort für wahrscheinlich längere Zeit voneinander verabschieden. Blöde Szene. Also glotzten wir in die Schuh-Auslage des Geschäfts, vor dem wir nun zufällig gelandet waren. Und was sagt er? »Hey, gute Schuhe!« Ich: »Du interessierst dich für Schuhe?« Das war mir nämlich bislang theoretisch wie praktisch verborgen geblieben, und wir kennen uns bereits sehr lange. Er: »Ich finde Schuhe toll. Wenn ich könnte, würde ich all mein Geld in Schuhe investieren!« Soso. Casablanca ist halt doch nur ein Film.

Man merkt es ihnen vielleicht nicht an, aber auch Männer lieben Schuhe. Und einige sogar gute Schuhe. Die meisten aber geben mehr Geld aus für Alufelgen als für ihre Schuhe. Das ist okay. Allein schon, weil es ein guter Witz ist. Daß sie aber auch mehr Geld in dreiteilige Anzüge und Rasierwässerchen investieren, das ist dumm. Denn ich zum Beispiel gucke immer zuerst auf die Zähne. Dann auf die Hände. Dann auf die Schuhe. Vielleicht gab es unter meinen Vorfahren ja einen Sklavenhändler. Kann gut sein. In der Reihenfolge wird äußerlich der Wert, die Brauchbarkeit und die Klasse taxiert. Daß es von seiten des von mir Betrachteten so aussieht, als würde ich ihn erst mal von Kopf bis Fuß

 78

beglotzen, hat mir natürlich auch noch nicht so wahnsinnig viele Klassepunkte eingebracht. Sind die Zähne schon ganz schrecklich – soll ich beschreiben, wie das aussehen kann? Soll ich? Soll ich wirklich? Ich kann, soll ich? Nein? Gut. Sollten also die Zähne bereits ganz doll gelb und schief und verhauen sein, ist eigentlich schon Schluß. Der Blick auf Hände und Schuhe nur noch reine Routine. Wer sich also bis zu den Schuhen bei mir voroberflächelt, der hat schon zwei Prüfungen bestanden. Kommen wir also zu den Schuhen. Ich hab's ja ganz gut. Weil ich selbst meine Ansprüche ans Unterrum nicht in auffälliger Ausführlichkeit trage, glaubt keiner, daß ich überhaupt Ansprüche haben könnte. Das ist praktisch, denn so wagen sich auch Menschen mit astreinem Gebiß und makellosen Händen in den abscheulichsten Schuhen auf mich zu und denken: »Na, die Sylvia, die wird schon nichts gegen diese rotgrünen Schnabelschuhchen von Deichmann sagen. Denn die achtet bestimmt nicht drauf.« Ha, ich sag nichts, aber ... pfff.

Die Geschichte der Schuhe ist eine Geschichte voller Mißverständnisse. Natürlich war das Tragen von Schuhen, also nach den Jahrtausenden in Fell-Lappen und Eselsohrsandalen, zunächst den Herren vorbehalten. Daß sie uns mal wieder ruhig früher hätten einbeziehen sollen, merkt man unter anderem daran, daß sich die Unterscheidung von rechtem und linkem Schuh erst seit Anfang des 19. Jahrhunderts durchgesetzt hat. In Geschmacksfragen wäre der Menschheit dann eben auch der Schnabelschuh und sein moderner Nachfahre, der Cowboystiefel mit 40-Grad-Absatzneigungswinkel, erspart geblieben.

Nicht gerade wenige der Männer, die ich kenne, neigen – wenn es ums Modische geht – gern gleich zum Exzeß. Zum Geckenhaften und zu Dandyismen. Schuhe sind wahrscheinlich selbst für die schlimmsten modischen Verächter das kleine Eckchen, in dem sie ihr Yin und ihre Eitelkeit pflegen. Oder eben genau das Gegenteil: Schuhhistoriker behaupten, daß Schuhe für Männer kulturell ein Sinnbild von Macht, Herrschaft und Würde sind. Die Männer, die das kapiert haben, wollen heute die schweren, handgenähten Englischen, die hundert Jahre und länger halten. Und diese Männer wollen wir eigentlich auch. Einen guten Mann auf den ersten Blick zu erkennen, ist – wenn er nicht eben genau die richtigen Zähne, Hände und Schuhe hat – nicht ganz so einfach. Gute Schuhe gehen so:

Material

Frauen können gut und gern mehrere hundert Mark für Experimente aus reinem Plastik ausgeben. Männerschuhe sollten jedoch aus reinem, echtem und durchgefärbtem Leder gefertigt sein. Und zwar Schuh und Sohle. Ende der Durchsage. Keine Diskussion.

Ob nun das Ganze aus Boxcalf (Kalbsleder), Hirsch oder Cordovan (Pferdeleder und schön kostspielig), egal. Wer ein Paar echte und sauteure Black-Beauty-Schuhe besitzt, kann sie tatsächlich noch den Seinen vererben, denn das Material ist quasi unkaputtbar. Auch Chevreau (Ziegenleder) ist gut und teuer. Vermutlich trägt übrigens Gunter Sachs zum Dinnerjacket Schuhe

aus südamerikanischen Wasserschweinen, denn auch der weiß, was sich gehört. Wer einen Sascha Hehn lieb-hat, mag sicher auch seine Lacklederschuhe. Die sind hoffentlich wenigstens aus echtem Kalbsleder, das mit einer hauchdünnen Schicht Kunststofflack überzogen wurde.

Freaks mögen ja auch gern Wildleder, was aber meist bloß Veloursleder ist. Echtes Wildleder wird jedoch tatsächlich aus den Häuten, den toten, wildlebender (und mittlerweile toter) Tiere wie Hirsch, Elch und Büffel gefertigt. Echtes Veloursleder (Rauhleder) ist die Rückseite, also die, an der in lebendigem Zustand der Tiere das feine Fleisch hing. Diese Seite wird so lange geschliffen, bis sie ein samtiges Aussehen hat. Kennen Sie einen Mann, der Ihnen im Zusammenhang mit sei-nen Schuhen etwas von Schlangen, Vogel Straußen, Eidechsen, Elefanten, Haifischen, Rhinozerossen und ähnlichem Getier erzählt? Sofort auflegen, Kontakt abbrechen, vergessen.

Billige Schuhe tragen auch manchmal den Vermerk »Obermaterial: Leder«. Es handelt sich dabei häufig um Pappe, die mit einer hauchdünnen Schicht Kalbs- oder Schweinsleder beklebt wurde. Ob es sich um gute oder schlechte Schuhe handelt, merkt man daran, daß die beklebten Treter schon bei der Anprobe blasenähnliche Falten in den typischen Lauffalten und an Abrollstellen zeigen. Wenn er sie trotzdem gekauft hat, zeigt sich nach dem ersten romantischen Spaziergang im Regen, ob es sich um Schuhe oder Schuhe handelt. Wenn er Ihnen dann auch noch seine Jacke gibt, prima.

Verarbeitung

Wer hätte das gedacht: Für einen echten handgearbeiteten Herrenschuh sind mindestens 200 Arbeitsschritte notwendig. Dieses ganze aufwendige Tamtam nennt man: Goodyear-Verfahren. Jetzt hört Ihnen Ihr Liebster doch bestimmt wieder zu (heißer Reifen, Formel 1, Ralf, Mischael). Man unterscheidet den rahmengenähten vom geklebten Schuh. Das heißt, im einen Fall wird der Reifen an die Felge genäht und im anderen geklebt. Rahmengenähte Schuhe sind meistens sofort bequem und müssen nicht eingelaufen werden, denn die Naht sorgt dafür, daß sich der Schuh an den Fuß und den Gang sofort anpaßt und die Wahrscheinlichkeit, daß Ihnen Ihr Liebster die Ohren vollquengelt – »Auaaua, die zieh ich nicht wieder an!« – ist gering. Die Ledersohle sollte schwer und langwierig gegerbt sein. Die ganz edlen Trittchen sind innen mit hochwertigem Schweinsbraten, nee, -leder, gefüttert, das sich der Anatomie und Temperatur des Fußes perfekt anpaßt, was ja für Schweißfüßler eine ganz brauchbare Information sein kann.

Reparatur und Pflege

An einem nach Material und Verarbeitung guten Schuh kann von einem guten Schuhmacher alles repariert werden. Okay, das kostet Geld. Und nicht zu knapp. 75 Mark für Sohlen, das kann schon sein. Er wird vielleicht meckern. Das erspart man sich am leichtesten, indem man seine Schuhe zum Heiler des eigenen Vertrauens schleppt und die Reparatur für den Liebsten bezahlt, ohne nachher über den Preis zu reden. Alles

andere führt zu nichts. Wie und wie oft man mit Schuhcreme und seinem alten Schießer-Schlafanzug (Weihnachten 1979) die guten Teile wieder auf Vordermann bringt, das sorgt schon für genug Streß.

Farben

Schwarzbraun ist die Haselnuß. Und Pikus der Waldspecht. Also, Herrenschuhe sind schwarz oder braun. Sonst nichts. Nein, auch nicht bordeauxrot. Auch nicht bei dem feurigen südfranzösischen Milliardär, den Sie in Ihrem Urlaub in Antibes kennengelernt haben und der Sie nun bittet, Sie heiraten zu dürfen, ohne Ehevertrag. Ich habe verschiedene Wetten laufen, daß Dodi Al-Fayed in der Nacht des 1. August 1997 bordeauxrote Slipper trug. Okay, ich werde sie verlieren, denn es waren beige Velourslederschuhe. Aber passen würde es doch. Zweifarbige Schuhe, vielleicht sogar mit Weiß, und ähnliche Dandyismen, sind traumhaft, vor allem am 8. Loch, 15 unter Par, Eagle im Auge, Birdie am Hut. Glückwunsch auch zu dem Herrn, der eine Kombi aus Braun und Schwarz gekauft hat, mit dem Hinweis darauf, daß dieser Schuh zu allem paßt, was er besitzt. Er meint ja bloß die braune Hose und die schwarze Hose und nicht Sie. Toll sind zweifarbige Herrenschuhe nicht mal am Großgrundbesitzer in Glencheck oder Schottenkaro.

Beim Thema Farben ist für gewöhnlich auch zu erwähnen, daß natürlich Socken (Strümpfe verlangen ja längst nicht alle) immer schwarz sind (Wolle, Baumwolle, Seide). Und sämtliche anderen Lederteile, die der Herr so an sich trägt, also normalerweise: Gürtel,

Handschuhe, Hand(y)täschchen die gleiche Farbe haben sollten wie die Schuhe, also Schwarz oder Braun. Je nachdem.

»Never wear brown after six«, sagt übrigens der englische Gentleman, und der weiß schließlich immer Bescheid. Also, wenn alle Katzen grau sind, sind alle Herrenschuhe schwarz.

Formen

Der offizielle Herrenschuh ist schlicht, schwarz, ohne Ziernähte und Lochungen. Die Klassiker sind Schnürschuhe aus poliertem Kalbsleder. Die bekannteste Form ist der »Oxford-Schuh«, der seinen Namen von den aufmüpfigen Oxford-Studenten hat, die erstmals 1860 im englischen (!) Hochsommer nicht in Stiefeln, sondern in dieser einfachen Schuhform über den Campus schlappten. Herrenschuhe mit Lochdekorationen heißen Wing-Tip. In dieser Gruppe gibt es Brogue, Derby und Budapester, aber wer will das schon wissen? Wenn Sie aber mal wieder bei einem Cocktailempfang mit Ihrem profunden Wissen angeben wollen: Die Schuhe verdanken ihre Namen irgendwelchen Schuhmachern in irgendwelchen Gegenden und Städten, die sich immer aufwendigere Lochungen ausgedacht haben. Der Loafer (ob nun mit Troddeln, Fach für den letzten Pfennig oder mit Zickzacklasche) ist der englische Vertreter der Schuhe, für die man keine Schnürsenkel kaufen muß. Jungens tragen ja auch gern Glattlederschuhe mit seitlicher Schnalle. Diese Schuhe heißen übrigens Monks, weil alpenländische Mönche sie erfunden haben. Die Jungs heißen Warmduscher.

Gerade noch so durchgehen lassen kann man bei Lederschuhen den sogenannten Bootsschuh bei sportlichen Kerlchen, die aussehen als kämen sie gerade von ihrer 14. Äquatortaufe oder bei denen, die Simon [sprich: SSaimen] heißen und der steinreiche, geschiedene und deshalb introvertierte Erbe und Plotknotendurchschläger einer Rosamunde-Pilcher-Verfilmung sind. Gern getragen werden diese Schnürschuhe allerdings von Rohrpostsachbearbeitern zu Bermudashorts. Pfui! Der männliche Stiefel hat übrigens Schnürsenkel und keinen Reißverschluß, nirgends. Und auch der kleine Mann auf der Straße braucht keinen Absatz. Hilft eh nichts.

Soviel zur Theorie. Und so isses in der Wirklichkeit:

Uli trägt Camelboots.
Camelboots sind toll an Männern, die an der entsprechenden Trophy teilnehmen, Jeeps aus Wüstendünen oder Urwaldflüssen ziehen. Zwischen den Zähnen eine Machete, in den schwieligen Händen ein Zwölf-Zoll-Seil, an der Brust ein schweißklebriges Hemd. Gekauft werden Camelboots aber vor allem von Jungs. Und zwar von solchen, die gern gut aber praktisch gekleidet sein wollen. Die sich nicht länger irgendeiner Mode unterwerfen wollen, denn sie blicken nicht durch, was zu ihnen paßt und was nicht, welche Namen angesagt sind und welche iiibäbäh. Außerdem sind sie mittlerweile zu geizig. Obwohl sie gern auch mal ein paar Mark mehr für Camels springen lassen. Bei Uli fing es mit den Schuhen an. Jetzt trägt er auch Hemd, Hose und Jacke

85

von Camel. Wenn die Jungs nicht mehr studieren und die Expeditionsbekleidung von ihrer Mutti finanziert wird, dann sind sie in der Mittleren Laufbahn, Frühpensionäre oder Journalisten. Man kann sehr gut auskommen mit Camelbootsträgern. So aufregend wie mit den echten Trophy-Männern ist es nie. Lang lebe der geschmacksneutrale Kompromiß.

Christian trägt Slippers.

Leider keine Loafers. Aber logischerweise trägt Christian Rollkragenpullover. Und braune Lederjacken. Und weite Jeans. Keine 501. Tja. Christian ist der, der die Schuhe auszieht, wenn er eine fremde Wohnung betritt. Der niemals mit Schuhen auf einem Sofa liegt. Natürlich besitzt er Hausschuhe. Aber auch die streift er ab, bevor er die Füße hochlegt. Christian wäre eigentlich gern Profisportler geworden. Gut in Form ist er auch jetzt noch. Am Bücherregal im Wohnzimmer hängt sein Neoprenanzug. Adiletten hat er auch. Wenn er die Hausschuhe an seinen Besuch vergeben hat, trägt er eben die in seiner Wohnung. Ausreichend weiße Socken besitzt er auch. Die sieht man auf dem Wäscheständer hängen, wenn man überraschend zu Besuch kommt. Die trägt er natürlich nicht in seinen Slippern. Das hat er bereits frühzeitig gelesen oder beigebracht bekommen und hält sich daran, obwohl praktisch wäre es schon, findet er. Christian ist ein netter Kerl. Er fährt einen blauen Kombi. Und manchmal lädt er einen zum Italiener ein.

Ralph trägt Cowboystiefel.

Er hat reichlich Auswahl davon. Denn Ralph hat Geld. Ralph hat überhaupt einen Hang zum Extravaganten, wenn es um das geht, was auf der Erde geht und steht. Sein Wohnzimmertisch ist eine in Bronze gegossene nackte, kniende Frau, die eine Glasplatte auf Hinterkopf und Po trägt. Manche seiner Stiefel sind aus Schlange und wirklich aus Nashville. Manche sind grün oder blau oder grün und blau. Ralph ist immer sehr gesellig. Und er hat immer Bier und Lammkoteletts im Haus, egal wie lange man bleibt. Am liebsten ist es ihm aber, wenn man Interesse an seiner seinen Stiefeln und dem Wohnzimmertisch nicht unähnlichen Hausbar äußert. Dann hat man richtig Spaß. Im exakten Neigungswinkel von Ralphs Absätzen. Vor allem am nächsten Tag.

Wilko trägt Sandalen.

Aber Wilko hat auch schon alle Erdteile bereist. Oder so gut wie. Er interessiert sich überhaupt für alle Formen von Kultur. Vor allem für die leisen. Fußpflege zählt er nicht unbedingt dazu, aber dafür trägt er ja auch Sandalen. Immer schön Luft dran lassen, ist einer seiner Heilssprüche, bei jeder Gelegenheit. Liebeskummer eingeschlossen. Bloß nichts unausgesprochen lassen. Das ist nur natürlich. Wilko interessiert sich eben auch für alles, was Natur ist. Man kann ihn sogar Tampons kaufen schicken und er bringt auch noch welche mit, allerdings die billigen, die doofen. Wilko kann 34 Vogelstimmen und das Essen sowie die Getränke von acht verschiedenen Leuten nach einem vierstündigen

Gelage in einer Studentenkneipe beim Bezahlen ausein-
anderhalten, was zumindest die studentische Bedienung
zu freuen scheint. Wilko ist bei jeder Party dabei.
Keiner weiß, wer ihn eingeladen hat. Ohne ihn wär's
auch richtig langweilig.

Thommy trägt Halbschuhe.
In Mittelbraun. Er bekommt auch noch in zwanzig
Jahren von seiner Mutter zu Weihnachten einen Schlaf-
anzug oder einen Bademantel. In seinen Zwanzigern
trug Thommy ausschließlich Sweatshirts von Marc O'
Polo. Damals hatten die noch diesen dreieckigen,
freundlichen Aufnäher als Signet. Mir und ihm wäre
sehr viel erspart geblieben bzw. wir hätten schon verdammt viele Kinder und wären eventuell sogar glücklich, wenn diese Firma auch damals schon Schuhe her-
gestellt hätte. So allerdings... Thommy ist wieder einmal
ein Grund, den Teller leer zuessen, denn wenn schönes
Wetter ist, trägt er motorradtaugliches Schuhwerk und
das ist besser. Auf Thommy stehen vor allem Zwanzig-
jährige. Noch freut ihn das, und er gibt damit mächtig
an. Nach kurzer Zeit verlassen sie ihn, und er behauptet, er hätte sie satt gehabt.

**Konstantin trägt Dinnerjacket- und Segelboot-
schuhe von Timberland.**
Je nach Parole: Sportlich, sportlich oder elegant. Klar,
Konstantin ist Zahnarzt. Aus Sportsgeist und wegen der
Eleganz. Meine ich. Dort kann man ihn übrigens ken-
nenlernen. In der Praxis. Er segelt. Einhand, versteht
sich. Man kann Konstantin sehr liebgewinnen in seinen

Bootsschuhen, wegen des guten Einkommens und auch sonst. Blaue Augen helfen viel, sag' ich immer gern. Er fährt Austin Mini und hört Randy Crawford, das macht schwachsinnig. Seine Eltern besitzen ein Ferienhaus am Strand, und wenn man dort um 3 Uhr nachts ankommt und man warten muß, bis das Holz im Kamin die Hütte leicht erwärmt hat, bekommt man den Boss-Mantel über die arthritischen Knie gelegt und Aquavit verabreicht. Das hilft auch immer viel. Konstantin hat gute Umgangsformen, so nennt man das glaube ich, denn er nutzt die Gelegenheit nicht, die sich daraus ergibt. Konstantin ist traumhaft, denn die Bootsschuhe sind eins mit ihm. Wenige Wochen später zieht er die Dinnerjacket-Schuhe an und sagt: »Tut mir leid, aber ich glaube, wir können uns nicht mehr sehen. Du bist eine ganz tolle Frau. Ich mag es, dich um mich zu haben. Wir verstehen uns so gut. Aber ich brauche eine Frau, mit der ich repräsentieren kann. Und das bist du nicht.« Und man geht, natürlich.

Dirk trägt Mokassins.
Typische Schuhe für Jungs mit einem Ja-Nein-Problem. Er kann weder ja noch nein sagen. Laborversuche haben darüber hinaus ergeben, daß Mokassinträger erst nach acht Jahren in der Fremde erstmals das Wort »Scheiße« sagen. Trotzdem wissen sie nichts von Romantik, das über Blockhütten und Sonnenuntergänge hinausgeht. Dirks verfügen logischerweise über eine ausgeprägte Stilunsicherheit, auch was die Wahl ihrer Frauen anbetrifft. Schuh wie Frau wirken, als wären sie ihnen irgendwann einmal zugelaufen. Sie können sich

nicht erinnern, wie und wo. Und nach einer Weile gehören sie eben einfach fest dazu. Nicht wegzudenken. Geschweige denn zu entsorgen.

Eric trägt Hushpuppies.

Ich finde das absolut in Ordnung, auch wenn es gegen die meisten der obengenannten Regeln für Herren- schuhe verstößt. Hushpuppies haben zwar so ein bißchen den Geruch von Oberstudienrat. Aber damit kann man leben. Die Hersteller sollten allerdings mal überlegen, ob sie nicht den »längste Tragdauer«- Aufkleber abmachen. Denn die Dinger sehen doch an richtigen Jungs, die damit auch gern mal spontan ein Ründchen Fussi mit den anderen im Park spielen, schäbbich erst richtig klasse aus.

Gregor trägt Springerstiefel.

Sommers wie winters. Nicht daß er immer wieder auf Randale mit den Bullen vorbereitet sein will. Denn die hat er – bis auf die paar Politessen (sind das jetzt auch schon Bullen?), die immer wieder seinen BMW vor der Agentur aufschreiben – nie gehabt. Gregor ist Werber. Und seine Stiefel halten ihn auf der Erde. Und natürlich heißen die eigentlich auch nicht Springerstiefel. Sie sehen nur so aus. Gregor hat mir den Namen natürlich auch schon mindestens fünfmal gesagt. Aber ich bin froh, daß ich mir immerhin Gregors Namen merken wollte. Klar, er bringt sich die Schuhe vom Board- meeting in London oder Amsterdam mit. So gute Schuhe gibt's ja hier nirgends zu kaufen. Genauso wie sein Aftershave. Vetiver. Das gibt's auch nur noch beim Duty

Free am CDG1. Gregor liebt es, an langweiligen Stellen seiner Brainstormings die fetten Klötze auf die Tischplatte zu knallen. Oder sie abends mit lautem Pabummbummdong auf den Pitchpine in seiner Altbauwohnung plumpsen zu lassen.

Jan trägt Spochtschuhe.

Zur Zeit führen die hippen Läden mal wieder Schuhe ohne klare geschlechterspezifische Unterscheidung, das heißt vor allem irgendwelche farblich fragwürdigen Sneakers, Kickers, Campers und alles, was mein Vater »Spochtschuh« nennt, und die es in sämtlichen Größen von 36 bis 48 gibt. Schlau, diese hippen Schuhladenbesitzer. Und Jan macht schon mal gern jede Mode mit. Er trägt auch orangefarbene oder hellblaue Frottee-T-Shirts und Pullis, die aussehen wie Pyjamaoberteile. Die Jeansjacke ist auch eine Nummer zu klein. Das sieht ganz gut aus. Neulich habe ich jedoch befürchtet, daß es mit der lustigen, bunten Zeit bald vorbei sein könnte. Ich traf Jan bei Schlecker. Was kaufte er? Abflußfrei. Und Sprühstärke.

Harry trägt Schuhe vom Flohmarkt.

Da kann es schon mal passieren, daß er im muffigen Gewühl zwei unterschiedliche erwischt. Die trägt er dann trotzdem, und er sagt: Das ist bei ›Comme des Garçons‹ auch so. Und da weiß man dann gar nichts mehr zu sagen. Weil es stimmt. Meistens fischt er Schnürstiefel auf dem Flohmarkt. Die sehen aus, als wären sie schon 14/18 in der Normandie dabeigewesen. Harry hat überhaupt einen Hang zum Antiken. Er fährt

zwar einen fast nigelnagelneuen Dienstwagen, das ist ihm aber ein bißchen peinlich, manchmal. Denn er hat was Besseres zu bieten. Nur kann der rote Karmann Ghia erst ab 15 Grad plus wieder auf die Straße. Ich glaube, Harry pflegt seine Schuhe und sein Auto. Das trifft man ja nicht oft. Ist aber auch nicht so wichtig.

Peter trägt Stiefeletten.

Schwarze. Mit Reißverschluß. Man trifft Peter in Diskotheken. Er fällt auf, denn er wirkt souverän, entschlossen, selbstsicher. Er hat ein nettes Lächeln. Alle halbe Stunde holt er ein frisches Getränk. Der nächste Morgen: Mit Schnürsenkeln wäre das nicht passiert. Und es soll nicht wieder vorkommen.

Hannes trägt Espadrilles.

Aber er ist auch sonst Nihilist. Zwei Mark fünfundneunzig, und keinen Pfennig mehr. In Portugal kosten die Dinger sogar nur eine Handvoll Escudos. Zuerst wird mit ihnen drei Wochen über den Strand und dann elf Monate durch die heimische Wohnung geschlurft. Verlieren hier ein bißchen was vom Sisal, da ein Stückchen vom Gummi. Egal. Hannes hat auch manchmal das Weiße-Socken- oder das Merkwürdige-Applikationen-auf-den-Seiten-seiner-Strümpfe-Problem. Je nachdem, wer in seiner WG gerade wäscht. Okay, Hannes ist kein Nihilist, sondern ein Schnorrer und Geizhals.

Alexander trägt Collegeschuhe.

Es gibt ja Männer, die behaupten, wenn sie noch mal

92

auf die Welt kämen, dann natürlich erstens wieder als Mann und zweitens als Alexander. Die hätten den Architektenvater und die verständnisvolle Mutter angeboren, das Abi bereits in der ersten Windel und das Summa cum laude in Juristerei an der Windschutzscheibe des neuesten Alfa-Modells, das sie zum 18. Geburtstag vor der messingbeschlagenen Garagentür der Reetdachdatscha in Kampen vorfinden. Die Jungs, die das behaupten, wissen aber wohl nicht, daß die Collegeschuhe mit allen Folgen dazugehören.

Stefan trägt Monks.

Er weiß, was sich gehört. Mittlerweile. Er hat aber auch die ganze Range von Fehltritten modischer Natur schon durch. Kurzarmhemden, Bundfaltenhosen und Hosenträger. Alles gehabt und zeitweilig mit Freude getragen. Und dann – rumms – ein einschneidendes Erlebnis. Nein, ich weiß nicht, was es war. Ich kann nur spekulieren, aber das tut man ja nicht. Das kann leicht intrigant wirken, sagt Stefan. Jedenfalls: schwarze Monks, weißes Hemd, Bluejeans, Armani- oder Soundso-Jacket – damit kann man nichts falsch machen und alles kaschieren. Manche sagen nicht ohne Bewunderung: »Hey, der hat seinen Stil gefunden!« So isses. Auch sonst. Leider.

Georg trägt immer die neuesten Nikes.

Denn er hat Schuhgröße 49. Da bleibt nicht viel, um Stil und immer mal wieder was Neues zu zeigen. Denn außer diesen mitunter recht verspielten Turnschuhen sieht nämlich alles andere aus wie Kindersarg. Na, das

wollen wir dann einfach mal glauben. Denn mit Georg zu spielen macht Spaß.

Ingo Appelt trägt die Schuhe von Michael Steinbrecher auf.

Jetzt hat man gerade aufgeatmet: Der Sportmoderatorenmodeberater des ZDF ist in den verdienten Ruhestand entlassen worden, und der Steinbrecher trägt endlich nicht mehr diese asymmetrisch geschnittenen Jacken, rechts ein Revers, links kein Revers, mit drei unterschiedlich großen Knöpfen und zwei verschiedenen Stoffmustern, die ein selbstberufenes sauerländisches Schneiderlein und Ex-Kommilitone vom Michael von der Sporthochschule in Köln fertigt. (»Michael, wenn du das Sportstudio moderierst, dann mache ich auch bald mein Hobby zum Beruf.«) Da turnt dieser Ingo Appelt auf einmal ununterbrochen durch die Glotze und trägt die alten Schuhe vom Steinbrecher auf. Auffällige silberfarbene Schnallenkombinationen an schweren schwarzen Halbschuhen, vorne eine Metallkappe, hinten eine Metallkappe, hier eine Niete, da eine Niete. Man muß sich abheben von der Masse, ist genauso originell wie die Witze von Ingo und die Interviews von Michael.

Jens trägt Birkenstocks.

Nicht die ollen Schlappen, die es ja nun bald in die modische Hall of Fame geschafft haben werden. Sondern die richtigen Schuhe von denen. Die, die auf schick getrimmt und total daneben sind. Diese schwarzen Sambatreter. Mit komplizierten Schließmechanismen.

Wenn man die Stange, mit der die Schließglieder zusammengehalten werden, verliert: Gute Nacht. Gutes Fußbett auch. Es ist wichtig, gesunde Schuhe zu tragen, sagt er. Das beeinflußt das gesamte Empfinden. Ökologisch und physiologisch absolut korrekt seine Schuhe. Er haßt korrumpierte Gefühle und falsche Rücksicht. Jens liebt Kinder. Und er hat auch welche. Das gehört dazu. Und ist der Lauf der Welt. Die Frauen laufen ihm halt immer mal wieder weg. Selbst die, die ihm diesen Quatsch von den Schuhen in den Kopf gesetzt hat und bei der er seine Schuhe gekauft hat, bevor sie seine Frau wurde.

Gerald trägt Frauenschuhe.
Aber das ist eine andere Geschichte.

Horst trägt Freizeitschuhe.
Aus Cord. Das ist lustig.

Maxi trägt Doc Martens.
Er ist ein Kerniger, ein Erdiger. Eigentlich heißt er Maximilian. Seine Sturm- und Drangzeit war in den frühen Achtzigern. London 0 Hull 4. Martens braucht man nicht zu pflegen, je abgeschubberter desto authentischer. Revolt's Shoes. In München. Bayern. Deutschland. Klar, seine Freundin trug auch welche. Er zum C&A-Pullover, sie zum Blümchenkleid. Von Punk keine Spur. Trotz gelber Randnaht. Und Gummisohle. Versteht sich. In München! Bayern! Einfach nur praktisch, diese Dinger. Mittlerweile hat er Einlagen drin. Wegen dem Rücken. Den Sichelbeinchen und den Schweißfüßen.

Tatsächlich: Englische Schuhe halten ewig.

Und Lurchi, der Klugscheißer, trägt Bergstiefel von Salamander.

Eben telefonierte ich mit einem Freund und erzählte ihm, was ich gerade tue. »Schuhe, ja, Schuhe, die sind toll. Vor allem die, die eine Öffnung haben, wo man den Fuß reinstecken kann.« Ach, so einfach ist das also mit den Männern. Und ich mache mir so eine Arbeit.

Christine Ellinghaus

Füße auf der Couch

Ungelogen. Ehrlich. Alles wahr, was hier jetzt folgt. Wenn Sie's nicht hören wollen, was manche Männer so in ihrer Freizeit tun (nein, hier ist nicht von Fußball, Bier, Skat die Rede), weil Sie Ihre hohe Meinung vom starken Geschlecht behalten wollen, lesen Sie nicht weiter. Obwohl, wenn ich so betrachte, was Leute bei Hans Meiser und Bärbel Schäfer so von sich geben, ist so ein bißchen Fetischismus am Ende gar nicht so schlimm. Wahrscheinlich ist sogar ein netter Fetischist besser als einer von diesen Burschen, die einen fesseln oder mit ihrem Schäferhund verkuppeln wollen. Ist ja auch nicht ansteckend, der Fetischismus, und soll auch, meistens jedenfalls, gar nicht gefährlich sein.

Na ja, richtig schön ist es trotzdem nicht. Wenn ich mir vorstelle, es wäre der meinige, der fremden Frauen solche Anträge macht, wic man sie mir schon gemacht hat... das gäb' eins auf die Waffel. Aber voll. Im Geiste der internationalen Frauensolidarität stelle ich mir jetzt einfach mal vor, daß der Fußfeti an sich eher unbeweibt auftritt, da er ja eh den ganzen Tag auf der Straße auf der Lauer liegt, und welche Partnerin macht das schon mit? Dann doch besser Fußball, Bier und Skat.

Aber jetzt mal von Anfang an: Meinen ersten traf ich in Köln. Das ist eine Stadt, die traditionellerweise tolerant und sinnenfroh daherkommt. Da gibt es Karnevalisten

97

und Freisinnige und Künstler und einen komischen Regierungspräsidenten, und da fällt der ein oder andere Jeck, der zwanzig Zentimeter über Normalnull nach Beute sucht, gar nicht auf. Mir auch nicht, denn er sah ganz unscheinbar aus. So circa 25 Jahre alt, fadhaarig, fadgesichtig, unauffällig, ungefährlich. Bis auf sein »Hobby« natürlich. Aber davon wußte ich ja noch nichts, als sich folgender Dialog entspann:

»Hallo, darf ich Sie mal was fragen?«

»Ja, sicher.«

»Würden Sie mir die Strümpfe verkaufen, die Sie tragen?«

»Was?«

»Die Strümpfe. Die Sie tragen.«

»Strümpfe? Die ich trage?«

Wie gesagt, es war mein erster Fetischist. Ich war also, was mir eher selten passiert, etwas begriffsstutzig. Das legte sich aber sofort, als er sagte:

»Hundert Mark.«

Blitzschnell fügten sich in meinem Gehirn die gehörten Laute zu einer Bedeutung zusammen: »H-U-N-D-E-R-T-M-A-R-K«. Und noch mal: »Hundert! Mark!« Dazu muß man wissen, daß ich damals nicht die hochbezahlte Autorin von gefeierten Standardwerken über Fußbekleidung war, sondern eine einfache Studentin in braunen Schnürstiefelchen. Und schwarzen Burlington-Socken. Die 10 Mark fuffzig gekostet hatten. Und jetzt auf einmal 100 wert sein sollten. Wow.

»Ja, sicher.«

»Ja, dann bitte, setzen Sie sich doch auf dieses Treppchen.«

Ich gebe zu, daß ich ein bißchen Angst hatte. Weil der Ort der Handlung jedoch eine belebte Einkaufszone war und der Typ wie ein Finanzbeamter im ersten Lehrjahr aussah, dachte ich bei mir »Also los« und schnürte die Schuhe auf, wobei ich ein paar harmlose Fragen stellte.

»Was machen Sie damit?« (Antwort: An die Nase halten, onanieren.)

»Kaufen Sie öfters Strümpfe?« (Antwort: So alle drei Tage.)

»Warum ausgerechnet meine?« (Antwort: Sie gefallen mir, ich bin Ihnen schon seit einer Viertelstunde gefolgt.)

»Wo ist mein Geld?« (Antwort: Hier. Bitteschön.)

Außerdem bekam ich noch seine Telefonnummer (privat und im Büro) sowie die Aufforderung »Wir könnten das Ganze gern noch mal machen. Per Nachnahme.« Sprach's und verschwand im Gewühl. So einfach geht das.

Und ich stand da mit mehreren neuen Erkenntnissen:

Erstens: Es gibt Männer, die machen Liebe mit Wollsocken, und zwar nicht an den Füßen, sondern im Gesicht.

Zweitens: Bezahlten Sex gibt's nicht nur per Telefon, sondern auch per Post.

Drittens: Ohne Strümpfe ist es im Dezember in der Innenstadt ganz schön kalt.

Und mehreren unbeantworteten Fragen:

Erstens: Bin ich jetzt eine Prostituierte?

Zweitens: War der mausfarbene Jüngling ein gefährlicher Sittenstrolch?

Drittens: Wie finanziert der das?

Die Antwort auf Frage eins lautet: Nö, finde ich nicht.

Das habe ich schnell und einfach so für mich entschieden, denn ich neige nicht dazu, mir über Fragen, von deren Beantwortung nichts Besonderes abhängt, länger als nötig Gedanken zu machen. (Nötig waren in diesem Fall ungefähr zwei Minuten.)

Die Beantwortung der Fragen zwei und drei erfolgt im zweiten Akt der Geschichte. Der spielt zwei Jahre später, als ich schon nicht mehr als Studentin, sondern für ein hochwertiges Frauenblatt tätig war und im vertrauten Kreise meiner Kolleginnen (ich glaube, wir hatten auch etwas getrunken) obige Anekdote zum besten gab. Pru-ha-ha, ein Hammer, die Geschichte, und seine Nummer hat er dir auch noch gegeben, und dann: »Da mußt du einen Artikel drüber machen.«

Sie müssen wissen, daß Sexthemen bei Frauenzeitschriften ein wichtiges Gebiet sind, das sich oft aus den persönlichen Erfahrungen der Redakteurinnen speist. (Die Geschichte ›Pleiten, Pech und Pannen beim Sex‹ zum Beispiel kam ins Heft, nachdem eine Kollegin erzählte, wie sie nach dem Liebesspiel festgestellt hatte, daß ihr während des gesamten Aktes ihre Slipeinlage am Hinterteil geklebt hatte.)

So folgten je ein Interview mit besagtem Martin aus Köln (sein Honorar übrigens: ein Paar Socken) und mit einem Psychologen, der die Fragen zwei und drei klärte.

Bei Frage zwei waren sich beide einig: Fetischisten sind eher ungefährlich, denn sie ersetzen die lebende Person mit dem Fetisch. Auf deutsch: Der Typ würde eher meine Schuhe und Strümpfe vergewaltigen als mich, ist ziemlich einsam und eher ein armes Schwein.

Bei Frage drei gab es jedoch Uneinigkeit: Der Be-

troffene selbst betonte, seine Liebe zu Bodenständigem sei ein Hobby: »Andere Leute geben ihr Geld eben für Reisen oder Surfen aus.« Was der Psychologe für eine Beschönigung hielt: Fetischismus hat oft Suchtcharakter, der Trieb muß mit immer größeren Dosen der Droge gestillt werden. Auf deutsch: Schuhe und Strümpfe kaufen kann einen in den Ruin treiben. Das kann ich nur bestätigen.

Neue Frage: Bin auch ich ein Fetischist? Antwort: Keine Ahnung, aber auf jeden Fall hatte ich von da an viel mit diesen Typen zu tun. Es war, als ob meine Füße ihre Jungfräulichkeit verloren hatten, so viele neue Fetischisten kleben mir seitdem an den Hacken. Und an den Zehen auch. Am schlimmsten war es, nachdem ich einmal als »Expertin« (die hatten meinen Artikel gelesen) bei Ilona Christen, also im Fernsehen, eingeladen war. Ich bekam Dutzende von Anrufen, Anträgen und Briefen – obwohl meine Füße noch nicht einmal zu sehen gewesen waren. Ich denke, es ist seit dieser Zeit, daß ich glaube, die Männer nicht mehr zu verstehen.

Nehmen wir zum Beispiel einen gewissen Fokko Blume, einen etwa 30jährigen Jeansanzugträger, der mir in der Münchener U-Bahn seine Visitenkarte aufnötigte. Er sei Schauspieler, eröffnete er mir zwischen Hauptbahnhof und Odeonsplatz, mit Engagement am Residenztheater, und er habe ein Stück geschrieben. Während er verstohlen, aber lüstern auf meine Füße (zehenfreie türkisfarbene Schlangenleder-Stilettos von Gucci) linste, bot er mir die Hauptrolle an. Denn das Stück heiße ›Talking Feet‹ und sei die Geschichte einer Sekretärin, der zur Optimierung ihrer Arbeitskraft zwei

101

Computerchips eingepflanzt worden waren, die ihr aber in die Füße rutschten und sich dort selbständig machten. »Stellen Sie sich vor«, ereiferte sich Fokko, »die Füße als eigene Lebewesen. Die zum Beispiel im Restaurant einfach auf den Tisch springen. Das hat doch Humor, das ist doch verrückt.« Letzterem konnte ich mich voll und ganz anschließen, worauf ich die Rolle dankend ablehnte und am Prinzregentenplatz ausstieg und davontrippelte.

Ich studierte in der Folge noch für einige Zeit die Kulturnachrichten in der Zeitung, ob irgendwo ein Stück mit Füßen im Titel uraufgeführt wurde (was natürlich niemals passierte), wobei ich mir schaudernd vorstellte, was wohl passiert wäre, wenn ich das Angebot angenommen hätte: ich auf Fokkos Besetzungsfußbänkchen auf rotem Samt, wie ich unter seinem fiebrigen Blick mein Sandälchen abstreife. Oder wie uns bei einem Geschäftsessen im Restaurant Schweinshaxen serviert werden, worauf er sich auf den Boden wirft, um gierig an meinen Zehen zu lutschen. Widerlich, diese Fetischisten.

Aber wissen Sie, was auch widerlich ist? Gegenfetischisten. Also die merkwürdige Kategorie Männer, die sich vollkommen unempfänglich zeigt für den Reiz von niedlichen Frauenfüßchen. Die ihrer Partnerin niemals Schuhe schenken oder ihre Schuhe bemerken. Die beim Liebesspiel die Füße untenvor lassen, nicht anfassen, niemals küssen und es hassen, wenn man ihre eigenen auch nur berührt. So einer jedenfalls käme mir nicht in Haus und Bett und sonstwohin. Denn so einer könnte mir nie die Welt zu Füßen legen. Er wüßte ja gar nicht, wo das ist.

Sylvia Bieker

Nicht einen Schritt weiter

Ich besitze ja immer nur ein wirkliches Paar Schuhe. Das ist nicht bloß meine Verkaufe für dieses Buch. Entweder besitze ich ein Paar oder kein einziges Paar. Trotzdem oder gerade deshalb kaufe ich immer wieder neue. Weil ich mir nicht vertrauen kann oder will.

Tine läßt sich von ihrem italienischen Schuhkombinat zweimal im Jahr zehn Paar offene, geschlossene und hohe Trittchen schicken oder kauft sie schlicht in einem Schuhgeschäft. Sie weiß, was sie will – auch wenn sie mal länger, mal kürzer über diese oder jene Investition nachdenken muß – und sie weiß, wo sie es bekommt und wieviel es kostet. Sie zieht sie an, sie läuft selbst auf den abstrusesten Absätzen, in den merkwürdigsten Formen fröhlich ein Liedchen pfeifend herum, bis es entweder Sommer oder Winter wird und neue Schuhe kommen. Ich hingegen habe oft schlimme Schmerzen. Nicht in dem einen wirklichen Paar Schuhe, das ich besitze. Sondern in allen andern.

Wenn ich die, in denen ich »nur« schlimme Ästhetikschmerzen hatte, weglasse, bleiben trotzdem noch die, die ich nie vergessen werde. Weil sie so weh taten. Bei jedem Schritt. Natürlich nicht bei den ersten hundert Schritten im Schuhgeschäft oder danach vor dem Spiegel zu Hause. Ist ja klar. Sondern bei der nächsten sich bietenden unpassenden Gelegenheit.

103

Das erste Paar, an das ich mich so erinnern kann, war ein Paar dunkelblauer, leicht lacklederner Schuhe, zum Reinschlüpfen, sagte man damals. Ich war sieben Jahre alt. Diese Schuhe waren todschick. Ich kannte niemanden sonst, der noch so tolle Schuhe gehabt hätte. Es waren schon richtige Frauenschuhe, fand ich. Meine Mutter hatte nämlich ganz ähnliche. Ich liebte diese Schuhe also sehr und meine Füße wuchsen. Sehr schnell, wie ich fand und auch bald merkte. Zuerst stieß ich mit dem dicken Zeh vorne an. Auch das tat manchmal schon richtig weh. Aber egal. Dann folgten alle anderen Zehen. Ich knickte sie ein, so gut es ging, und gewann dadurch locker ein halbes weiteres Jahr mit meinen geliebten Schuhen. Meine Mutter fragte zwar hin und wieder, ob die Schuhe nicht mal langsam zu klein seien und drückte geübt mit dem Daumen dort, wo sie meinen großen Zeh vermutete. Und da war dann bis zum Schuhende noch ein bißchen Platz. Das freute sie: »Toll, diese Schuhe wachsen offensichtlich mit«, denn Kinderschuhe kosten einen Haufen Geld, vor allem für Mädchen, die den Tick ihrer Mutter geerbt haben. Was sie spürte, war jedoch das Dickezehgelenk. Denn ich – mittlerweile nicht weniger geübt als sie – konnte alle meine Zehen quasi unter den Fuß klappen und sogar noch damit gehen. Ich ging wohl gar nicht schlecht, denn es fiel nicht weiter auf. Klar, Kinderknochen sind ziemlich biegsam. Es gibt ja die unterschiedlichsten Ansätze, Experimente damit zu machen. Und während andere am Hochreck und Schwebebalken hofften, mit einer Medaille um den Hals irgendwann mal den kalten russischen Wintern zu entkommen, eierte ich in meinen

dunkelblauen Schuhen herum und war immer froh, im Auto mitgenommen zu werden. Aus dieser Zeit stammt auch das in meiner Familie immer noch über mich herrschende Urteil: Die ist so lauffaul.

Es gab zwei Gelegenheiten, bei denen ich meine Lieblingsschuhe beinahe aufgegeben hätte. Das eine war das verdammte Sonntagsfahrverbot während der Ölkrise, 1973 glaube ich. Ich mußte zu meinen Ballettaufführungen (nicht nur, weil gegen meine blauen Schuhe die Ballettdinger selbst beim Spitzentanz eine echte Erholung waren). Ich konnte unmöglich in etwas anderem als meinen blauen Schuhen dort auftauchen, denn die anderen Mädchen waren immer sehr schick. Aber ich konnte noch unmöglicher in ihnen hinlaufen. Und meine Mutter durfte nicht fahren. Ich heulte schon mal prophylaktisch ein bißchen lauter als sonst. Zum Glück hatte ich Onkel Peter. Und der war Bediensteter der Bundesbahn, und als solcher besaß er eine Ausnahmegenehmigung. Ich hörte auf zu heulen und freute mich, mit meinen Kugelfüßen in Onkel Peters Mercedes durch die autofreien Straßen Bonns gefahren zu werden. Dann tanzte ich ein bißchen Kinderballett. Und danach brachte mich Onkel Peter wieder nach Hause.

An der anderen Situation, in der ich fast meinen blauen Schuhen hätte entsagen müssen, war die Firma Pril schuld. Natürlich gab und gibt es keine Firma Pril. Das weiß ich jetzt auch. Aber es gab dieses berühmte Spülmittel in einer grellblauen Flasche. Und hinten drauf, da kleben wir, so hatten sich die superschlauen Werbe-

strategen von Pril ausgedacht, immer zwei der Flowerpower-Mode nicht unähnliche Blümchen, die die Leute dann von der Flasche abziehen und sich auf die Küchen- oder Badezimmerkacheln oder sonstwohin kleben können. Und bald werden die Leute unser Pril nicht wegen unserem Pril kaufen oder weil es mehr zu Spülen gibt, sondern wegen dieser Blümchen. Ich weiß nicht, warum und wieso und was das eigentlich alles sollte. Ich kann nur aus eigener leidvoller Erfahrung berichten, die Leute von Pril hatten recht. Es gab allein unter uns Kindern einen solchen Trubel, ein Gezicke und Rumgestreite wegen dieser Aufkleber, unglaublich. Wer welches Blümchen als erster gesehen hat und deshalb sein eigen nennen durfte. Wer bei »Kaiser's Kaffee« die meisten Prilblümchen hat mitgehen lassen, ohne die Flaschen kaufen zu müssen. Bei welcher Mami in der Küche die meisten auf den Kacheln blühten usw. Das Gemeine an diesen Dingern war auch, daß die zwar ganz locker von der Prilflasche zu lösen waren, einmal jedoch an eine Kachel oder sonstwo hingeklebt, nie wieder abgingen. Selbst wenn man sich die größte Mühe gab und schrubbte und schrubbte, es blieb ein mit einem leichten Papierüberzug versehener eklig gelber und hochklebriger Schmierfilm in Form eines Blümchens dort, wo vorher das Blümchen geklebt hatte. Nur daß an diesem Geschmiere später Fusseln, Speisereste und und und hingen. Es soll ja noch heute Wohnungen geben, in denen man eindeutige Reste von vor 20 Jahren entfernten Prilblümchen erkennen kann.

Logisch, daß auch ich an Prilblümchensucht litt. Und überall, wo ich war, vor allem in kinderlosen Haus-

halten, sofort in die Küche ging und nachschaute, ob auf der Prilflasche vielleicht noch...

Eines Tages hatte ich ein Riesenglück. Manchmal besuchte ich meine Mutter bei der Arbeit. Wenn sie noch keine Zeit für mich hatte, durfte ich hin und wieder in die Kantine der Firma gehen, um mir eine Fanta zu holen. Da mich im Laufe der Zeit fast alle in dieser Firma kannten, durfte ich mich natürlich auch im Backstagebereich rumtreiben. Und so besuchte ich eines Nachmittags den Kantinenkoch an seinen Töpfen. Mann, daß ich da nicht früher draufgekommen war! Klar, wo viel gegessen wird, wird auch viel gespült. Wo gespült wird, gibt es Pril. Wo es Pril gibt, gibt es, ha! Ich durfte mir also die beiden Blümchen von der Flasche popeln. Toll! Ich wußte allerdings nicht so genau, wohin damit. Schon gar nicht, wo ich ja auch noch eine Fantaflasche halten mußte. Und bis zu den heimischen Kacheln würden noch ein paar Stündchen vergehen. Na, da hab' ich das mehr gelbe Blümchen auf dem rechten und das mehr blaue auf dem linken Schuh geparkt. Und hatte wieder beide Hände frei für die Fanta und das Stück Schokolade, das der Koch auch noch rausrückte.

Das mit dem Klebstoff wurde mir erst später klar. Meine Mutter wußte es wohl schon. Denn sie bekam sofort einen Schreikrampf, als sie mich aus der Kantine kommen sah. Ich erklärte, daß sie sich nicht aufregen sollte, weil ich vorhätte, die Dinger zu Hause von den Schuhen auf die Kacheln zu bringen und daß wir dann ein Blümchen mehr hätten als Maritas Mutter in ihrer Küche. Meine Mutter schimpfte trotzdem weiter. Auch wenn ich es nicht so recht verstand, aber der Satz:

107

»Verdammt, Sylvia, jetzt können wir die Schuhe wegschmeißen« hing noch Stunden drohend in der Luft. Und ich heulte mal wieder auf. Das konnte doch nicht sein! Daß ich meine Leidenschaft für Prilblümchen mit meiner Leidenschaft für meine blauen Schuhe bezahlen mußte. Unmöglich! Ich brüllte mich in den Schlaf. Und meine Mutter fluchte noch den ganzen Abend. Denn sie versuchte, mit ihren gepflegten Fingernägeln, den Kleber von meinen heißgeliebten dunkelblauen Schuhen runterzukratzen. Ihr Ehrgeiz rührte wahrscheinlich aus irgendwelchen Erfahrungen, daß ich nur schon schlief, um meine Kräfte für den nächsten Tag zu sammeln. Da wollte ich nämlich erstens sofort weiterbrüllen und zweitens nicht in die Schule gehen, ohne meine Lieblingsschuhe. Es muß ihr dann in irgendeiner Nachtstunde gelungen sein, die Schuhe halbwegs wiederherzustellen, denn am nächsten Morgen standen sie vor meinem Bett. Ein bißchen zerkratzt, ein bißchen hellblauer als vor meinem Kantinenbesuch, aber immer noch durchaus vorführbar.

Heute erfährt meine Mutter also, daß ich auch schon, als sie eine Nacht lang Pattex mit ihrer Nagelhaut entfernte, die Trittchen nur noch mit runtergeklappten Zehen tragen konnte. Natürlich habe ich trotzdem an diesem nächsten Morgen noch ein bißchen geheult. Erstens, weil ich darauf eingestellt war, und zweitens, weil Maritas Mutter nun doch immer noch ein Prilblümchen mehr hatte als wir.

Die nächsten Schuhe, die ich auch nicht vergessen kann, waren ein Paar knallroter Sandalen. Die waren so toll. Geschlossen wurden sie mit einem für die Zeit

108

absolut fortschrittlichen System aus Laschen und Klettverschlüssen. Ich war fast 19. Und reiste mit meiner Freundin und den funkelnagelneuen Sandalen in den Sommerferien nach Genf. Wir besuchten dort einen ehemaligen Austauschschüler unserer Schule. Genf war traumhaft schön. Die Sonne schien. Und der Austauschschüler hatte einen besten Freund. Für den zog ich meine Sandalen an. Und latschte am See entlang. In der Altstadt rum. Auf irgendwelche Kneipen zu, hinein und wieder raus. Und dann war Ende. Ein Himmelreich für eine Apotheke. Ich brauchte Pflaster. Sofort. Keinen Schritt weiter. Nicht einen! Eigentlich. Aber andererseits: Haltung bewahren. Begehrenswert sein. Wer will schon mit einer Fußkranken auf einer Parkbank sitzen und über das Wetter reden? Wir wollten was erleben. Also weiter. Was zuerst nur eine Ahnung von einem Schmerz war, entwickelte sich innerhalb von Sekunden zur absoluten Gewißheit. Hier wund, da wund. Jede raffinierte Lasche der Sandälchen eine randvoll wassergefüllte Blase. Ein Stechen unter den Fußsohlen, wie es sich kein Folterer schlimmer einfallen lassen könnte. Aber immer weiter wackeln. Hinter dem besten Freund her vor der Kulisse eines Sonnenuntergangs am Genfer See. Pflaster bringen nur kurzzeitig Erleichterung. Und auch nur, wenn man die verursachenden Schuhe bald ganz und für längere Zeit auszieht. Tat ich aber nicht. Diese Sandalen waren schließlich der Ausdruck des gerade entflammten Feuers zwischen ihm und mir oder so. Der Ausdruck in meinem Gesicht entsprach dem zwar wahrscheinlich schon nicht mehr, aber wen interessiert das schon, wenn man so schöne Schuhe trägt?

Schließlich war ich wirklich froh, daß die Dinger rot waren. Denn am Ende lief das Blut über die von der Sandale unbedeckten Stellen meiner Füße. Und ich mußte aufgeben. Es war so furchtbar, daß es mir nicht mal mehr peinlich war. Es ging nicht mehr. Gar nicht. Genf ist wirklich eine schöne Stadt. Es gibt nicht nur den See mit Fontäne, sondern auch viele Brunnen mit eiskaltem Wasser. Dieses Gefühl! Auch wenn es wahrscheinlich medizinisch-technisch völlig falsch ist. Dieses Gefühl, geschundene heiße Füße in eiskaltes sprudelndes Naß zu halten! Gut, mit meinen blutigen Füßen war das schon ein bißchen eklig für die anderen Leute an diesem Brunnen, aber die waren mir so egal. Egal war mir auch der beste Freund auf einmal. Ich verspürte nämlich plötzlich echtes Glück. Das scheint ihm dann doch noch gefallen zu haben. Er hat mich nämlich später nach Hause getragen.

Ein paar Jahre später. Aus Frankreich hatte ich mir ein paar superschöne, aus feinstem Leder geflochtene, wieder einmal dunkelblaue, schweineteure »Ich wollt', sie wären von Gucci«-Loafers mitgebracht. Mit Strümpfen, gar mit Nylons, die bequemsten Schuhe überhaupt. Aber wehe, barfuß, wehe Sommernacht, wehe Alkohol trinken. Die zuvor pantoffelartigen Puschen mutieren langsam aber unaufhaltsam zu Höllenschuhen. Obermaterial gefüttert mit heißem Teer, Innenmaterial Sohle: Fakirbrett.
Man sitzt nur so da und ißt ausgezeichnete Nudelgerichte, trinkt ein bißchen mehr vom Roten, und ganz unten löst sich die Haut von den Füßen, um – wie

bei Symbiosen häufig – sehr schmerzhaft eine untrennbare Verbindung mit dem Schuh einzugehen. Meine Füße sind mindestens 31 Zentimeter lang. Die Schuhe verdichten sich auf höchstens 20 Zentimeter. Gleichzeitig wächst in rasender Geschwindigkeit der Nagel vom rechten großen Zeh ein. Man sitzt immer noch nur so da. Trinkt jetzt bloß noch Wasser und versucht, mit Beinarbeit wieder ein bißchen Schwung in den Kreislauf zu bringen. Während man zur selben Zeit damit beschäftigt ist, sich den immer gleichen Gedanken aus dem Kopf zu schlagen: Zieh die Schuhe aus. Zieh sie sofort aus. Jetzt! Auf der Stelle. Es hat keinen Sinn. Zieh die Schuhe aus! Natürlich, man zieht sie nicht aus. Denn man weiß, daß einmal unter solchen Umständen ausgezogene Schuhe nicht einfach wieder anzuziehen sind, zum Beispiel, weil man das Lokal dann doch irgendwann verlassen will. Also sitzt man gequält bei Tisch. Jetzt ist auch schon alles egal, und man trinkt Grappa zur Zabaione, um die hängende Platte im Kopf abzustellen. Wer jetzt mittlerweile mit mir Kette raucht und einen doppelten Espresso sowie noch einen Grappa bestellt, weiß, wovon ich rede. Man ist halt hin und her gerissen zwischen dem Drang nach Vollnarkose und der Vernunft, sofort eine Gallone Mineralwasser abzupumpen, sich hinzulegen und keine einzige Zigarette, keine Promilliarde Alkohol, geschweige denn Eierspeisen zu sich zu nehmen. Was tut man? Man raucht, säuft und frißt wie ein Scheunendrescher, weil es durchaus sein kann, daß es das letzte Mal ist. – So, wie sich das da unten anfühlt, ja. Man streckt die Beine aus und legt die Füße, den einen zur Entspannung des anderen, locker

111

übereinander. Räudige kleine Katzen haben sich mit ihren spitzen Zähnen in den Herzreflexpunkt verbissen. Die Zehen sind erwachsen zu Pfälzer Leberwürsten, die von ab und zu feuerspeienden Löwenbabys abgeleckt werden. Jedes einzelne Geflecht meiner wunderbaren Schuhe beherbergt einen dicken Ludwig Erhard, der – tatterig wie er ist – die brennende Zigarre andauernd auf meinen Fußrücken fallen läßt, um sich sofort wieder eine neue anzustecken, die ihm – logisch – gleich wieder, zack, runterfällt. Aua. Ich müßte eigentlich mal aufs Klo. Aber da geh' ich auf keinen Fall hin. Lieber 'nen Blasenstein als jetzt aufstehen. Natürlich parliert man oben wie gelernt und soweit mit dem nun dritten Grappa noch möglich – kein Wein mehr, zuviel Flüssigkeit, das schaffen die Nieren nicht mehr – und lacht über die blödesten Witze der anderen. Dann soll gegangen werden. Gehen? Hä? Die Rechnung kommt. Es wird bezahlt. Gehen? Warum? Mit was? Oh Gott. Man versucht schon mal, im Sitzen etwas fester aufzutreten. Sofort ein stechender Schmerz im Ohr. Aufhören. Man steht auf. Das kann sich ja keiner vorstellen, der es selbst noch nicht erlebt hat. Mehrere Tonnen Körper auf zwei Zahnstochern. Prima. Man ist in der Nähe der Reeperbahn. Es ist Samstag. Wir ziehen, gehen weiter. In meinem Kopf klopft was. Die Treppe vom Restaurant schaff' ich noch. Dann sitze ich auf den Stufen und ziehe mit einem für meine Ohren unüberhörbaren pfffftzzz meine Schuhe aus. Ja, das habe ich öfter. Ist nicht weiter bemerkenswert. Ja, wir haben in unserer Familie alle eine leichte Bindegewebsschwäche und neigen zu Wasseransammlungen. Nein, schon okay, mir geht es

gut. Danke, ja sicher, geht schon. Ich laufe jetzt halt barfuß. Macht euch mal keine Gedanken. Natürlich tun die Scheißfüße auch ohne diese elenden Schuhe wahnsinnig weh. Aber nur beim Gehen. Und das ist besser als vorher. Schade, daß ich jetzt gehen soll. Wie gesagt: Nähe Reeperbahn. Wie gesagt: barfuß. Die Via Dolorosa mit Kreuz auf'm Buckel und der Gewißheit, gleich drangenagelt zu werden, ist ein Dreck gegen barfuß auf der Reeperbahn nachts um halb eins. Man kann es sich ja überlegen. Entweder anderthalb Kilometer barfuß durch noch glimmende Kippen, Bierflaschenscherben, Weiße-Pudel-Häufchen, Skianzugreißverschlüsse und Fixerutensil steigen oder die eigenen Schuhe wieder anziehen. Jeder hat die Wahl. Auch Frauen in der Schweiz seit ein paar Jahren. Ich mache noch ein paar Stunden mit. Klar: Die Schuhe in der Hand. Ich könnte sie auch gleich in den nächstbesten Mülleimer werfen, denn ich werde sie nie wieder anziehen, weil ich ihnen nicht verzeihen kann, aber ich trage sie noch durch so etliche Säle.

Daß ich mich vielleicht auch schämen könnte, kommt mir erst wieder in den Sinn, als ich gegen Morgen in ein Taxi steige und unter meinen Füßen den rauhen Teppichboden und die Viereckmustergummimatte spüre, die ganz sauber sind und gut, so gut tun. Ich gebe barfuß reichlich Trinkgeld.

Ich habe mich übrigens irgendwann dann doch noch von meinen blauen Prilblümchen-Schuhen trennen müssen. Und das kam so: Meine Füße wuchsen weiter. Die Schuhe nicht. Ich klappte die Zehen ein. Das tat zuerst

113

noch weh. Ist aber keinem aufgefallen. Und irgendwann konnte ich die Zehen nicht mehr ausklappen. Das tat überhaupt nicht mehr weh. Und das ist dann aufgefallen.

Auch schön:

- Hühneraugen
- Mückenstich an der Ferse
- eingewachsener Nagel, vgl. Zahnhalskaries
- Hammerzeh (Hallux valgus)
- Sonnenbrand auf der Fußsohle
- Schwielen unterschiedlicher Größe und Reifegrads
- Fuß- und Nagelpilz
- wunde Stellen überall
- wachsende Überbeine, vgl. Weisheitszähne

Platz für Ihre Ergänzungen:

Christine Ellinghaus

Leidenschaftlich.
Oder: Leiden schafft mich

Um hier mal eines klarzustellen: Ja, ich trage absurde Absatzformen. Ja, ich kann darauf laufen. Ja, das sieht ziemlich einfach aus. Aber: Nein, es geht nicht ohne Schmerzen.

Ich weiß nicht, ob ich in einem früheren Leben mal Chinesin war, damals, als denen noch die Füße auf Handlänge einbandagiert und festbetoniert wurden.

Aber wahrscheinlich eher nicht, denn erstens verspüre ich keinerlei Affinität zur asiatischen Kultur, und zweitens haben die armen Chinesinnen ja ihre Füße nicht freiwillig gequält. Ich schon.

So was nennt man Passion. Das heißt auf deutsch: Leidenschaft. Leiden schafft. Schuhe schaffen Leiden. Und zwar nicht nur die hohen. Auch die neuen. Und die engen. Und die harten. Und die mit Riemchen. Alle eigentlich.

Frage: Warum tu' ich mir das an?

Gegenfrage: Gibt es eine Alternative? Ich meine eine wirkliche Alternative, eine, die nicht nach Gesundheitsschuh oder Ökolatsche aussieht? Was eine rhetorische Frage ist, wenn man, wie ich, einen hohen Spann (in geschlossenen Schuhen extrem druckempfindlich) und an jeder Ferse zwei niedliche, aber nicht zu leugnende Überbeine hat, an denen sich in neuen Schuhen mit

Vorliebe Blasen bilden. Ein Orthopäde, den ich deswegen aufsuchte, bot mir freundlich an, die Knörpelchen an meinen Fersen »mit einem Hammer zu zertrümmern«, wonach ich aber eine Schuhgröße weniger haben würde. Ich bin ja hart im Nehmen, aber was, lieber Doktor, soll ich dann mit meinen Schuhen machen?

Ich beschloß, den Schmerz lieber zu verdrängen. Ihn als gegeben hinzunehmen. Wer schön sein will, muß schweigen. Als Kind praktizierte ich eine Technik, die es mir ermöglichte, barfuß über spitze Steine, Rollsplitt oder mit scharfkantigen Muscheln durchsetzten Sand zu gehen, indem ich meine Füße locker ließ und ganz weich machte. Etwas Ähnliches funktioniert auch bei unbequemen Schuhen: nicht krampfen, sondern sich wegdenken. Statt: »Ich-halt'-es-keine-zehn-Minuten-und-schon-gar-nicht-bis-zum-Ende-dieses Spaziergangs-in-diesen-Ballerinas-aus« lieber »Wie schön und wohlriechend ist dieser Frühlingswald.« Von mir aus addieren Sie auch Ihre Supermarkteinkäufe vom letzten Wochenende oder erörtern im Geiste die Frage, was Ihr Chef für Unterwäsche trägt. Aber: Lenken Sie sich ab.

Als ich meine Kollegin Antoinette kennenlernte, befanden wir uns beide mit einer Reisegruppe in einem Hotel in Positano, einem Ort an der italienischen Amalfiküste, der hauptsächlich aus bergauf führenden Kopfsteinpflasterstraßen besteht (und neuerdings als Urlaubsort von Gerhard und Döris Schröder-Köpf zu Weltgeltung gelangt ist). Weil wir später zu einem eleganten Abendessen eingeladen waren, trug ich – in Anlehnung an die Steilküste – ein Paar schwarze Wildledermules mit dünnen 16-Zentimeter-Absätzen – auch

zur vorhergehenden Stadtführung. Antoinette berichtete mir später, wie beeindruckt sie von meiner Performance war, wie ich stoisch und bergziegengleich die Absätze zwischen die Kopfsteine rammte, während sie jeden Moment deren Bersten oder aber das meiner Mittelfußknochen erwartete, und dabei noch lächelte. Ich habe sie dann aufgeklärt: daß erstens die Spindelstachelabsätze in Wirklichkeit mit Wildleder getarnte Stahlstangen waren und daß ich zweitens nicht lächelte, sondern blöd grinste, weil ich mich schon auf den orgiastischen Moment freute, wenn ich nach dem Essen endlich aufs Bett fallen und die Füße hochlegen dürfte. Das ist ja immer das Schönste: dieses immense Gefühl von Freiheit, wenn man aus den Schuhen schlüpft.

Außerdem, Antoinette, hatten mir beim Stöckeln jede Menge italienischer Männer nachgeschaut. Auch kein schlechter Grund zum Lachen. Und zum Leiden.

Ich finde, daß meine Füße zu meinen besten Körperteilen gehören. Sie sind so klein und schmal und hübsch, wie ich es auch sonst gern wäre, und es hat mich sehr gefreut, als mein Ex-Freund Leo sagte, daß er es mag, sie in die Hand zu nehmen. Für ihn und mich und Antoinette und alle, die es zu würdigen wissen, verpacke ich sie jeden Morgen in neue Folterwerkzeuge aus Riemchen, Schnällchen und Schleifchen und sehe mutig den Blasen, Wunden, Schrunden ins Auge. Und abends, da bade ich sie, schubbere jeden Ansatz von Hornhaut mit Bimsstein weg und creme sie mit einer speziellen Fußcreme ein, die ich mir aus New York mitbringen lasse (»Cream for dry and callused skin« von Kiehl's). Seit ich mit 32 und großem Entsetzen feststell-

117

te, daß meine großen Zehen sich latent nach außen krümmen, trainiere ich außerdem meine Vorderfußgelenke. Soll Hallux valgus (Ballen) verhindern, und ich verrate Ihnen gern, wie's geht. Ganz einfach: sich nur mit den Zehen auf eine Stufe stellen, so daß soviel wie möglich vom Fuß übersteht. Irgendwo festhalten, dann die Fersen ganz weit senken, zehn Sekunden halten. Ein paarmal machen. Und dabei denken: »Morgen trag' ich meine neuen Glitzerpumps. Ich kann doch schließlich nicht barfuß gehen.«

Es geht weiter

Bieker: Haben wir jetzt alles gesagt?

Ellinghaus: Tja.

Bieker: Was?

Ellinghaus: Nee.

Bieker: Nee. Wir könnten zum Beispiel noch ein paar Geheimtips ausplaudern.

Ellinghaus: Was meinst du denn damit?

Bieker: Na, wo du so deine Schuhe kaufst.

Ellinghaus: Bist du wahnsinnig? Halt bloß den Mund.

Bieker: Wieso denn?

Ellinghaus: Die, die das hier lesen, kaufen mir sonst die Schuhe weg. Es reicht schon, daß du den Laden am Frankfurter Flughafen beschrieben hast.

Bieker: Aber nur, daß er am Terminal B ist.

Ellinghaus: Da gibt's ja nur einen. Also ist es ja eh klar, daß das ›Burresi‹ ist.

Bieker: Na also, geht doch.

Ellinghaus: Jetzt ist aber Schluß.

Bieker: Na gut. Also: Was gibt's noch zu sagen?

Ellinghaus: Ich finde, wir haben viel zu wenig gelästert.

Bieker: Wieso? Wir haben doch alle Kolleginnen, Freundinnen, Ex-Freundinnen, Feindinnen und Feinde verbraten.

Ellinghaus: Aber nirgendwo steht was über Fußkettchen. Oder noch schlimmer: Fußkettchen unter Nylonstrumpfhosen.

Bieker: Unter gemusterten Nylonstrumpfhosen. Oder ganz übel: blickdichte schwarze Strumpfhosen in weißen Pumps.

Ellinghaus: Oder enge Stiefel, aus denen oben die Waden quellen.

Bieker: Super! Da weiß ich genau, wen du meinst.

Ellinghaus: Und was man mit Stiefeletten alles falsch machen kann...

Bieker: Jawoll! Zum Beispiel Reißverschlüsse.

Ellinghaus: Oder Kunstfell am Rand. Bäh!

Bieker: Überhaupt, die Kunst ist, die Kunst wegzulassen.

Ellinghaus: Kunstfell, Kunstleder, billigen Kunststoff. Und billige Imitate von Designerschuhen. Dazu noch alles von Eram, Bata und Reno.

Bieker: Was auch echt billig aussieht sind Turnschuhe mit Gummiplateausohlen und Stilettos zum Minirock.

Ellinghaus: Am besten noch mit Söckchen. Da kenn' ich einige.

Bieker: Ja, und wir kennen beide die schreckliche Person, die schwarze Halbschuhe ohne Socken trägt.

Ellinghaus: Uuuuuh.

Bieker: Komm, einen noch: Mehndi-Malerei auffe Füße.

Ellinghaus: Wäääääh.

Bieker: Blauer oder grüner Nagellack.

Ellinghaus: Hör auf, ich halt's nicht aus.

Bieker: Männer noch.

Ellinghaus: Okay, das ist wenigstens schnell gesagt: ungeputzt, abgetreten...

Bieker: Müffelnd.

Ellinghaus: Und Socken statt Strümpfe. Das behaarte

Stück Wade zwischen Socke und Hosensaum sieht man ja nicht so gern.

Bieker: Genauso wie Plastikschlappen in Mint, Senffarben und Fuchsia.

Ellinghaus: Dazu dann noch Socken mit Applikationen.

Bieker: Wäre ja eigentlich jetzt auch ganz sympathisch, wenn wir zur Abwechslung mal die eine oder andere unserer Schuhsünden gestehen würden. Los, gestehe!

Ellinghaus: Du meinst außer Fehlkäufen? Ich muß mal überlegen.

Bieker: Ich laufe hin und wieder viel zu lange in ein und demselben Paar Schuhe herum. Die sind dann eben schon mal ziemlich fertig.

Ellinghaus: Und ich hab' zwei Paar Schuhe, die mir eigentlich zu klein sind. Da quillt's dann und sieht nicht wirklich schön aus, wie die so ins Fleisch schneiden. Gab's nicht mehr in meiner Größe. Aber ich mußte die Dinger einfach haben.

Bieker: Kenn' ich, kenn' ich...

Ellinghaus: Wann hört dieser ganze Irrsinn eigentlich auf?

Bieker: Vielleicht im Alter.

Ellinghaus: Nee. Auch wenn ich neunzig Jahre alt werde nicht.

Bieker: Was wir dann wohl für Schuhe tragen?

Ellinghaus: Ich rate mal: du immer noch die gleichen. Im Winter Stiefeletten, im Sommer Plastiksandalen, im Frühjahr und Herbst Turnschuhe oder Loafers.

Bieker: Das fänd' ich jedenfalls schön. Und du?

121

Ellinghaus: Tja. Das wird schon schwieriger. Vorne offen und der Rest Riemchen wird wohl nicht mehr gehen. Jedenfalls nicht, wenn die Zehen schon krumm sind. Und hohe Schuhe sind für alte Frauen ja auch nicht gerade bequem.

Bieker: Gibt leicht Ermüdungsbrüche. Kennt man ja vom Fußball.

Ellinghaus: Da müßte ich mir echt was überlegen. Auf der anderen Seite hätte ich dann eben wieder was zum Jagen: geschlossene und bequeme Schuhe, die trotzdem was Besonderes sind.

Bieker: Wo findet man so was eigentlich? So wie's aussieht, bleiben ja sonst nur orthopädische Schuhe.

Ellinghaus: Iiiih! Stell dir mich mal in orthopädischen Schuhen vor.

Bieker: Freu' mich schon darauf. Das wird sicher lustig.

Ellinghaus: Nee, nee, eher wandere ich nach Italien aus. Da tragen auch ältere Frauen noch schöne Schuhe.

Bieker: Oder nach Spanien.

Ellinghaus: Stimmt. Da auch.

Bieker: Das liegt vielleicht daran, daß sich in diesen Ländern die alten Leuten abends noch aus dem Haus begeben, um sich sehen zu lassen. Und dafür machen sie sich eben fein.

Ellinghaus: Man sieht ja auch fast automatisch gut aus, wenn man schöne Schuhe anhat, völlig unabhängig von Alter und Figur. Das finde ich immer so erstaunlich in Südeuropa, daß selbst dicke Matronen in unvorteilhaften wadenlangen Röcken durch die hübschen Schuhe, die sie tragen, noch wie Frauen aussehen.

Bieker: Die haben zwar manchmal gräßlich gemusterte Kleider an, aber anständige Schuhe. Dadurch, daß sie noch auf sich achten, altern sie irgendwie würdevoller. Ich gucke mir diese Alten jedenfalls gern an.

Ellinghaus: Und weil sie Strümpfe tragen. Meine Kollegin Uschi sagt immer: »Alles über 40 sollte Strümpfe tragen, auch im Sommer.«

Bieker: Besenreiser.

Ellinghaus: Krampfadern.

Bieker: Wasser inne Füße.

Ellinghaus: Hiermit verspreche ich, ab 40 immer Strümpfe zu tragen. Oder zumindest fast immer. Und auch mit 50 und 60 und 70 noch immer auf meine Schuhe zu achten.

Bieker: Und auf die Füße. Immer schön hochlegen, immer schön eincremen. Und immer rechtzeitig zur Pediküre gehen.

Ellinghaus: Würdest du Stützstrümpfe tragen?

Bieker: Wenn's sein muß, ja. Aber nur in Schwarz.

Ellinghaus: Ach, bis wir soweit sind, gibt es wahrscheinlich irgendein Ultraschallgerät, mit dem man den Venendruck im Schlaf erhöhen kann.

Bieker: Und Krampfadern wegschießen.

Ellinghaus: Und krumme Zehen begradigen.

Bieker: Und virtuelle Schuhe. Die wir nicht tragen müssen, sondern die uns einfach an die Füße projiziert werden.

Ellinghaus: Das wäre ja schrecklich.

Bieker: Dann doch lieber wie bisher.

Ellinghaus: Und wenn's sein muß auch in Stützstrümpfen.

Bieker: Damit die Jagd weitergehen kann. Hab' ich dir eigentlich von den braunen Stiefeln erzählt, die ich gestern gesehen hab'...

Ellinghaus: Was? Los, da fahren wir jetzt hin. Ich zieh' nur schnell meine Schuhe an.

Danksagung

Unser herzlicher Dank gilt der Firma Barbieri – zwar kein Hersteller von Schuhen, aber der des belebenden italienischen Apéritifs »Aperol«.

Schönen Dank auch an unseren New Yorker Korrespondenten, der nicht, wie erhofft, anbot ein bestimmtes Interview zu führen, sondern sich statt dessen lieber in San Francisco mit Milliardären traf.

Des weiteren an Herrn Andreas Müller (Autorisation), Herrn Roman Koch (Hardware) und Herrn Beppo Samel (Infrastruktur).

Kleine Philosophie der Passionen

Zum Selberlesen und Verschenken – für alle,
die bereits einer Leidenschaft erlegen sind oder ihre
wahre Passion noch suchen

Peter Würth
Gärtnern
dtv 20036

Elfriede Hammerl
Hunde
dtv 20037

Karl Forster
Segeln
dtv 20038

Heiner Geißler
Bergsteigen
dtv 20039

Renate Just
Katzen
dtv 20095

Barbara Bronnen
Friedhöfe
dtv 20096

C. Bernd Sucher
Gäste
dtv 20097

Arnulf Conradi
Vögel
dtv 20098

Margaret Minker
**Umziehen, umräumen,
umbauen**
dtv 20099

Ulrich Pramann
Laufen
dtv 20161

Johannes Dräxler,
Harald Braun
Fußball
dtv 20162

Christiane Graefe
Reisen
dtv 20163

Frank Lämmel
Autofahren
dtv 20164

Gabriele von Arnim
Essen
dtv 20215

Thomas Karlauf
Wein
dtv 20216

Burkhard Spinnen
Modelleisenbahn
dtv 20217

Roswin Finkenzeller
Schach
dtv 20218

Eva Gesine Baur
Dessous
dtv 20265